跨学科阅读技能训练

让学生学会
通过阅读而学习

[英] 亚历克斯·奎格利（Alex Quigley）著

CLOSING THE READING GAP

中国青年出版社

图书在版编目（CIP）数据

跨学科阅读技能训练：让学生学会通过阅读而学习 /（英）亚历克斯·奎格利著；彭相珍译.
—北京：中国青年出版社，2024.2
书名原文：Closing the Reading Gap
ISBN 978-7-5153-7210-5

Ⅰ.①跨… Ⅱ.①亚… ②彭… Ⅲ.①学习方法 Ⅳ.①G442

中国国家版本馆CIP数据核字（2024）第010778号

跨学科阅读技能训练：让学生学会通过阅读而学习

作　　者：[英] 亚历克斯·奎格利
译　　者：彭相珍
责任编辑：高　凡
美术编辑：张　艳
出　　版：中国青年出版社
发　　行：北京中青文文化传媒有限公司
电　　话：010-65511272 / 65516873
公司网址：www.cyb.com.cn
购书网址：zqwts.tmall.com
印　　刷：大厂回族自治县益利印刷有限公司
版　　次：2024年2月第1版
印　　次：2024年2月第1次印刷
开　　本：787mm × 1092mm　1/16
字　　数：130千字
印　　张：11.5
京权图字：01-2022-2961
书　　号：ISBN 978-7-5153-7210-5
定　　价：49.90元

多方赞誉

在《跨学科阅读技能训练》中，亚历克斯·奎格利（Alex Quigley）探讨了在教授学生阅读技能和培养学生的阅读兴趣方面，不同学科的教师应了解的阅读的方法与科学。如果你所教授的学科需要学生具备专业的阅读技能，那么本书将为你提供有效的阅读教学方法与工具。亚历克斯·奎格利向我们讲述了阅读的历史，以及阅读这一行为的复杂性，并着重论述了元认知的概念。亚历克斯为教师提供了有据可依的分析，让我们从不同的角度重新思考阅读。这是一本值得阅读的书。

——特雷莎·克雷明（Teresa Cremin）

英国开放大学教育学教授

在我接受的教师培训中，并不包含有关阅读及阅读教学的系统知识，所以我很喜欢这本专门研究阅读的书。亚历克斯·奎格利在《跨学科阅读技能训练》中提供了我需要的所有信息。如果你想要了解阅读是如何进行的，以及有关阅读教学的不同观点，那么你应该阅读本书。亚历克斯为我们提供了深入研究阅读所需的科学论据与一系列实用的教学策略，帮助我们更科学地指导学生针对不同学科的特征，有策略、有目标地阅读。可以预见，本书将对我们的教学产生深远的影响。

——汤姆·谢林顿（Tom Sherrington）

作家、教育顾问

《跨学科阅读技能训练》为我们提供了及时且必要的学习内容，它帮助我们更好地理解阅读的过程及其难度和挑战，带领我们回顾了阅读的发展史，指出了许多学生共同面临的阅读障碍，并提供了许多有效的建议。教师可以参考这些建议，提升阅读教学的成效。

本书提出了许多值得我们思考的见解。如“我们最好把注意力集中在相对缓慢的、审慎的深度阅读过程上。同时，还需要关注快速阅读和流利阅读之间的微妙差别。”。当我们尝试回答亚历克斯在书中提出的问题时，这一思考的过程便会指引我们反思如何在自己的阅读教学中做得更好。如“对于2年级、5年级和9年级的学生来说，什么是适合他们年龄段的朗读书籍？”“我们如何在关注学生的阅读能力发展的同时关注学生间阅读水平的差距”，以及“我们是否经常会默认学生充分地理解了所阅读的内容？”

我十分认同本书提出的一个观点，即我们需要通过支持学生阅读大量扩展类文本，培养学生对文本结构的敏感性。如果学生只是浏览播放的幻灯片，阅读概括的短语、句子或图像，他们就无法获得深度阅读具有复杂结构的文本的体验。此外，如果我们通过简单地选择让学生在短时间内阅读更容易理解的内容来降低阅读的难度，这从长远看，反而会导致我们的阅读教学目标更加难以实现。

我认为，对于教授任何学科、年级的教师而言，《跨学科阅读技能训练》都会是一本具有启发性的重要著作。

——玛丽·迈亚特（Mary Myatt）

作家、教育顾问

这本书应该成为所有教师的必读书目，无论你是正在接受培训的新手教师，还是经验丰富的教师，无论你教授什么学科，因为成功的阅读是学生充分理解和掌握任何学科知识的关键。本书汇集了不同学科阅读教学的研究成果和有效实践，不仅识别和评估了学生的不同阅读障碍，还为教师提供了支持学生进行跨学科阅读的方法与具体实践步骤。有效的阅读是学生考试成功的基础，本书将帮助每一位教师更系统地了解阅读的科学，以及科学的阅读教学方法。

—— 艾莉森 · 威尔考克斯（Alison Wilcox）

著有《创造性写作》（*Descriptosaurus*）系列书籍

《跨学科阅读技能训练：让学生学会通过阅读而学习》

学生能否学有所成，取决于他们是否具备了专业而熟练的阅读技能。为了缩小学生间阅读技能的差距，我们需要确保每位教师都具备教授阅读，以及进行阅读研究所需的知识和技能。

在《跨学科阅读技能训练》一书中，亚历克斯·奎格利探讨了阅读的发展史及阅读的科学，为不同学科的教师提供了实用的策略，帮助学生成为“学会阅读”和“在阅读中学习”的专家。

亚历克斯·奎格利（Alex Quigley）曾是专业的英语教师，拥有超过15年的一线教学和管理经验，目前就职于教育捐助基金会（Education Endowment Foundation），为教师提供教学研究数据方面的支持，著有《缩小词汇差距》（*Closing the Vocabulary Gap*）、《自信的教师》（*The Confident Teacher*）等作品。

♥

献给我的孩子弗莱亚（Freya）和诺亚（Noah），

每天和你们一起阅读，从你们的角度来理解阅读，

使我获得了创作本书的灵感和素材。

目录

致谢

在《跨学科阅读技能训练》一书中，我致力于让教师充分理解阅读这个学科和主题，但本书的内容以无数研究者的研究成果为基础，他们关于阅读的著作，为本书论述的阅读各个方面提供了参考。这些研究者包括杰西·里吉特博士（Dr Jessie Ricketts）、凯特·内申（Kate Nation）教授、丹·韦林汉姆（Dan Willingham）教授、辛西娅·沙娜（Cynthia Shanahan）教授、蒂姆·沙娜（Tim Shanahan）教授、马克·赛登贝格博士（Dr Mark Seidenberg）、玛吉·史诺林（Maggie Snowling）教授、简·奥克希尔（Jane Oakhill）教授、凯特·凯恩（Kate Cain）教授、道格·勒莫夫（Doug Lem-ov）教授、伊莎贝尔·贝克（Isabel Beck）教授、凯西·拉斯迪尔（Kathy Rastle）教授、大卫·克里斯托尔（David Crystal）教授、特雷莎·克雷明（Teresa Cremin）教授、维恩·坦南特博士（Dr Wayne Tennant）、蒂姆·拉辛斯基（Tim Rasinski）教授等。

我还要感谢教育捐助基金会的同事，他们的专业知识和支持，为本书的写作提供了大量素材和灵感，同时丰富了我的知识储备和理解。我要特别感谢皮特·亨德森（Pete Henderson），他的反馈成为本书第五章的内容的重要组成部分。

十分感谢许多支持我的无数教育者，你们的洞察力与真诚的反馈，确保了本书的内容能够立足于课堂的实际情况，并以清晰、简洁的文字传递给忙碌的一线教师群体。此外，还要感谢索尼娅·汤普森（Sonia Thompson）、西蒙·考克斯（Simon Cox）和贝茜·琼斯（Becci Jones）让我有机会在书中分享你们提供的学校案例研究。

衷心感谢本书的编辑安娜玛莉·基诺（Annamarie Kino）和劳特利奇出版社（Routledge）的专业团队，感谢他们一直以来的支持和信任。

最后，感谢我的妻子凯蒂（Katy），我的非正式编辑，感谢你支持我完成本书。

一旦你学会阅读，你将永获自由。

弗雷德里克·道格拉斯

（Frederick Douglass）

第一章
导读

如果你能读懂这句话，那么你应该真诚地感谢某位教师的教导。

佚名

翻开本书，如果你能够逐字逐句、一页接着一页，毫不费力地阅读，你其实正在做一件很了不起的事。

当你身着睡衣，在沙发上舒适地阅读时，或是在下班回家路上，不妨花一点时间来思考这样一个事实：阅读这件神奇的事情，在你看来或许是一件极为普通的日常活动，因为我们时时刻刻都在阅读，阅读已经成为我们身份和工作的重要部分。对于大多数成年人而言，从书架上拿下一本书开始阅读，是一种日常的、近乎本能的行为。

然而，在人类漫长的进化史中，只有那么一小段的时间——微不足道的几千年——人类才发展出阅读的能力。恰恰是这种能力，将我们推向了现代文明。

阅读的能力，使我们可以在短短250毫秒的时间里，将视线固定在看到的每一个字上，然后本能地从左至右扫过一整行，近乎本能地将这些墨色的字体处理成声音，进而转化为一个丰富的、相互联系的意义网络。随后大脑将从毕生积累的庞大知识库中，将这个特定的意义提取出来，令我们不费吹灰之力地解锁其含义。

事实上，整个世界的知识都存储在无数页面上以黑色墨迹打印出来的符号中，本身就令人感觉既像是一种神奇的魔术，又像是一种无比自然的东西。

阅读仿佛是一种与生俱来的权利，使得我们的书架成为独立个体的组成部分，在某种程度上塑造并定义了我们的身份。

对于很多人而言，回忆“阅读”这个词，可能会开启一段美好的时光。彼时年轻的我们，躺在所爱之人的腿上，闲适地阅读着文字。对我而言，它唤醒的是父亲在我的床边为我读书的朦胧印象。人生最初期的阅读体验，无论是坐在父母的腿上，或是坐在教室的地毯上，还是坐在某个舒适的阅读角落，都在我们的身上轻柔地留下了不可磨灭的印记，成为贯穿我们一生的与世界沟通的方式。这就是为何阅读既是私密无间，又是公开透明的行为，它是人们在这个世界上日常生活不可或缺的一部分，同时也构成了每个人亲密内心世界的一部分。

除了这些影响深远的个人体验，阅读也被证明是学校需要教授孩子们的一项主要技能，是学生打开通往不同学术道路之门的钥匙。尽管入学之后，大多数孩子会继续学习阅读，但这个过程并不如想象中那般“自然”。的确有许多孩子实现了流利的诵读，并能迅速地提升阅读能力，但这通常与课堂教学的质量无关，且不是每个孩子都能够取得这样的成果。对于大部分孩子而言，阅读并不是一项可以轻松获得的权利。当很多学生在课堂上，或在考试时表现出阅读方面的困难，且无法理解我们认为他们能够理解的词语、概念、内容时，残酷的现状将击垮我们长期以来的既定认知（即阅读是一种天生的能力）。

尽管英国大部分的学龄儿童的阅读能力正在稳步提升，但一些重要的指标也表明，不同的学生在阅读方面的能力存在根本性的差距，这可能会严重影响到整个社会的结构。例如，2019年的研究表明，只有73%的小学毕业生达到了预期的阅读水平。简单地说，接近四分之一的孩子在课上和课后的阅读能力并未达标。这同时也意味着，小学毕业后阅读能力未达标的学生，在进入中学阶段后，阅读能力的差距将导致他们无法应对中学阶段更复杂的学术阅读的要求。更糟糕的是他们没有太多的时间来追赶。

此外，研究还表明，与那些在家里没有养成阅读习惯的孩子相比，那些在5岁时经常被父母要求读书的孩子，到了16岁时，将在数学、词汇和拼写方面表现得更优异。看似微不足道的、日常的阅读行为，实际上至关重要，因为阅读能力的差距可能迅速地，以我们几乎无法察觉的方式逐渐加大。美国俄亥俄州立大学的杰西卡·洛根（Jessica Logan）及其同事的研究数据表明，每天被父母或学校要求进行阅读的儿童（大约5本儿童读物），会比没有每天阅读习惯的同龄人，多听到100多万个词（估计多出140万个词汇）。这些词汇，并不是日常交谈中的常见词汇，而是从书本中看到和听到的非常见词，将为儿童的早期语言发育提供不可忽视的价值。试想一下，拥有如此丰富的对话和阅读经验的儿童，在学前教育准备方面将具备的巨大优势。同时，经常独立阅读的14岁儿童，比从不阅读的同龄儿童，多认识约26%的单词。而这一差距，将在孩子未来的学习旅程中进一步加大。因而，培养孩子的阅读习惯，让他们将阅读视为一种愉悦的，对自己富有独特意义的活动至关重要。

通常有能力的阅读者，将具备更强的独立阅读的能力，拥有丰富阅读经验的人，将更有可能博览群书，而不具备阅读条件或能力的人，只会越读越少，视野受限。背后的道理也十分浅显：当我们做自己喜爱、擅长的事情时，愉悦感、成就感不断积累。鉴于儿童的阅读能力决定了他们的阅读量，作为教师，如果我们能够改善阅读教学的效果，学生的阅读技能也会随之增强，进而他们会更加享受阅读的过程。

为此，不管学生的家里有多少图书、是否养成了阅读的习惯，教师都可以影响学生的阅读能力和阅读量。在阅读技能训练方面，哪怕是微小的进步和胜利，也将对他们的学业进步产生重大的影响。作为教师，我们有责任确保每个孩子拥有丰富的阅读资源，训练他们跨学科阅读的技能，从而帮助他们获得富有启发的深度阅读体验，在阅读中感受到那个充满想象力和知识的丰富世界。

阅读的挑战

学校每天的课程通常包含大量的学术阅读任务：从低龄阶段的学生，在故事时间阅读讲述神奇旅程的故事，到青少年学生阅读信息量密集的课程内容，学生习惯性地“学习阅读”，并持续地“在阅读中学习”，这已经成为校园生活中永恒不变的内容。而对于那些缺乏阅读技能的学生而言，他们每天面对的是频繁的阅读失败，这将削弱他们对学习的兴趣及参与学习的意愿。

对很多学生来说，学校里的成功规则是不可捉摸的，每一次阅读，他们仿佛耗尽了全身的力气，却仍无法理解这样做的意义。而与此形成鲜明对比的，则是每一位教师，和所有那些学业有成的学生，对于他们而言阅读是一件很容易沉浸其中的事，同时阅读也是他们获取知识、进行深度学习的重要工具。作为教师，我们可以充分证明自己是阅读方面的专家，而这在另一方面也意味着我们很难识别、理解或解决新手阅读者可能面临的挑战。

尝试阅读下面这个句子：

> 每一位教师必然是阅读专家，但这并不一定意味着教师就是教授他人掌握阅读技能的专家。

想象一下，相较于正常排版的文字，你需要多花费多少精力才能理解这段刻意倒置的文字？这个简单的测试可让我们瞬间意识到，对于那些有阅读障碍，很难将字母与声音联系起来，或尚未掌握阅读的方法，很难快速调动大量背景知识的人来说，阅读也可能是一项艰难的任务。

而这也说明人类的大脑已经进化出非常先进而丰富的阅读智慧，字体、字号的变化，以及书写方式或形态、大写小写方式的变化可能会打破我们原有的阅读习惯，但并不会影响我们理解文字的内涵。即使遭遇了没有按照常规保留字母间空格的文字（这在几个世纪以前，是英文书写的常态）我们也能够对所读的内容做出判断，运用一系列阅读的方法解决阅读中遇到的困难和障碍。

对于已经掌握了阅读技巧的人而言，破解文字背后的意义是一件轻松的事。然而事实上，在我们阅读的瞬间，会条件反射地运用许多阅读技能与方法，而这对仍处于学习阶段的学生而言，仍然是较难掌握的。

每一位教师，或许都能很轻松地回忆起那些明显存在重大阅读障碍的学生，以及他们曾经遭受的痛苦经历，这也使教师更强烈地希望能够更好地了解学生的问题，以及如何才能为其提供帮助。然而，更常见的问题是，正是大多数学生在教室里进行的日常阅读行为，他们在知识和理解层面存在的微小而隐蔽的差距，导致了阅读结果方面的巨大差距。这可能开始于一些微不足道的小问题。例如，学生错误理解某些词语，或因为文本中密集地出现了许多专业词汇，使得学生未能真正读懂一个关键的科学过程。而随着时间的推移，学生在阅读理解方面表现出的微小而隐蔽的差距，最终会导致不同学生之间学业表现方面的巨大差距。

以下面这段考试中出现的文字为例：

> 没有微风吹凉皮肤，海面上也没有一丝如婴儿手指般的褶皱。路易莎·梅仿佛一个放在玻璃桌面上的玩具，安静地浮在水面。
>
> ——《海面初遇》，2017年KS2[①]课程考试阅读篇

这段开场白，选自最近的一次国家课程大纲考试阅读题，难倒了不少10岁的学生。对身为阅读专家的我们而言，在看到这些文字的瞬间，我们可以想象出这个场景，并将“路易莎·梅”这艘船的名字与茫茫大海

① 在英国小学，1—6年级被分成了两个不同的关键阶段：KS1即1—2年级（5—7岁）；KS2即3—6年级（7—11岁）；KS3即7—9年级（11—14岁）；KS4即10—11年级（14—16岁）。——译者注

的背景关联起来。我们已经储备的词汇知识和语法知识，加上我们对故事以及故事结构模式的深入了解，使这段描述性文字变得有意义。基于我们对世界的了解和充分的阅读技巧，我们能够跨越句子之间的差距，将“大海”和船只巧妙地联系起来。事实上，我们可以很轻松地做到所有这些，并很容易地理解这段开场白的意思。

但是，许多学生没有抓住这个微妙的语法线索，推断出路易莎·梅是一艘船，要怎么办？他们的理解，是否因原文充满诗意的风格而进一步受阻？这段诗意的描述，通过比喻和隐喻的结合，唤起人们对场景的想象和关注？学生能够理解“婴儿手指的褶皱”是什么意思吗？

或许学生注意到原文使用的冠词“the”并成功地发现了这个比喻，从而将上下文两个句子关联到一起，也许他们根本不知道。但恰恰是这些隐藏在句子中的小细节，导致不同学生呈现出知识和理解能力方面的细微差距。日积月累，这些差距将决定学生在课堂上学习和记忆的最终效果。

对于高年级的学生来说，在中学教育阶段理解这种颇具挑战性的信息类文本是十分常见的任务。然而，英文学校中大多数的教师大多没有接受过任何有关教授学术性阅读的培训，许多学生只能自我探索。而在步入高年级的过程中，学生遇到的阅读挑战难度也在逐渐增加。在每个阶段的学习过程中，教师都要找到到学生面临的阅读障碍背后的根本原因，同时帮助学生跨越阅读的挑战。无论是阅读路易莎·梅这段文本，还是其他跨学科的复杂文本，为了拓展学生对世界的认识，我们需要密切关注学生的词汇积累，同时帮助学生充分地掌握“在阅读中学习”（reading to learn）这一重要的阅读技能。

教师群体在知识层面的差距

美国心理学家李·舒尔曼（Lee Shulman）教授曾将教学的复杂性比作一个医生在自然灾害期间在急诊室的经历。显然，舒尔曼教授十分熟悉学期末的一个风雨交加的周四午餐后的教学场景。现在，舒尔曼教授对课堂教学高度复杂性的比喻，同样适用于描述教师在试图理解和教授阅读时面临的困难，因为每位学生拥有的阅读知识储备、掌握的阅读技能，以及当下的阅读水平及状态各不相同。

糟糕的是，如今尽管阅读已经被证明是学校教育必须向学生教授的重要技能，但教师群体在阅读教学方面接受的高质量培训少之又少。一个多世纪以来，关于如何教授阅读的争论一直存在，人们将其贴切地描述为“阅读战争”。但实际上，大多数教师只是拼凑各种研究所能提供的关于语音、流畅性、词汇教学、阅读理解等信息，作为教授阅读的专业培训，但对儿童如何学习阅读、科学的阅读方法，以及学生面临的阅读障碍了解甚少，而解决阅读问题的诸多指导意见要么含糊不清，要么自相矛盾。教师到底应该相信什么？教师又应该从哪里获取阅读科学的最新发展研究？

紧迫的时间，加之专门用于解决阅读问题的培训及工具严重不足，导致教师群体在不同的教育阶段和不同学校之间分享有关阅读科学的理解，以及当下年轻的读者阅读技能与知识储备方面的信息的能力十分薄弱。

对于1—2年级（KS1）的教师来说，掌握学习阅读、结构化语音和发展词汇知识是前提条件，但到了3—6年级（KS2），教师就需要对阅读理解和文本结构的内在联系有不同的、更细致的了解。事实证明，在7—9

年级（KS3），最重要的阅读过程与3—6年级阶段的阅读过程更为相似。然而，对于小学和中学之间的重要学术过渡，我们往往没有给予足够的时间和考虑。6年级的阅读，依然以小说和童话类文本为主，而7年级学生则以阅读密集的信息类内容为主。

中学教师将学科知识的积累放在首位固然没错，但作为一个历史学家、地理学家或是科学家，我们的阅读方式是否有所不同？这种因学科领域不同而独具特色的阅读，事实上应该成为不同学科知识发展的重要线索。我们需要意识到，对于在7年级时阅读技能“低于预期水平”的四分之一的学生而言，阅读能力的不足将不可避免地阻碍他们各学科知识的获取与积累。

举例来说，每一位科学家都是通过大量的学术阅读，而变得更加熟练和有知识，而帮助学生有策略地阅读科学课本，需要教师具备相关阅读知识并仔细地指导。为此当前为中学阶段的科学科目教师提供的阅读教学培训，不应该集中于如何教导学生学习阅读，因为大多数学生已经掌握了这个技能，而是应该在定义不同学科阅读行为的大多数方面，提供更有针对性的支持和培训，因为阅读已经成为了学生完成学校任何课程学习要求的重要媒介。

为了证明这一点，不妨问问自己的教师同事中，有多少人愿意为那些被诊断为存在阅读障碍，或在课堂上表现为理解能力弱的学生提供支持，或帮助他们建立自信，同事给出的答案可能会令你感到十分沮丧。

大多数孩子在入学的前几年都能够成功地学会阅读，但阅读能力的发展会持续到青少年时期，甚至贯穿整个青春期。因此，每位教师都必须获得与不同年龄段学生的需求相适应的阅读教学知识的支持，教师本身是优秀的阅读者是远远不够的。

显然，对于小学阶段的教师而言，与坐在地毯上的孩子们共同享受故事时间无疑是快乐的，而这与需要阅读方法进行高难度的阅读形成鲜明对比，后者的阅读和教授过程，可能是平淡、了无生气的，但请记住，阅读并不像我们想象的那样，是一种“与生俱来”的能力，我们都将从了解阅读的巨大复杂性，以及如何更有效地进行阅读教学中受益。

高风险评估环境下的教学压力，将进一步扩大教师群体在如何进行阅读教学方面的知识差距，最终将严重阻碍学生阅读能力的发展。考虑到英国现行的高风险教学评估体系，以及有限的教师培训，大量的一线教师被迫进行大量的阅读应试训练，包含一系列小规模的、容易理解的阅读文本。对那些将长篇文本拆分进行训练的应试内容的过度关注，将导致我们忽略学生完整阅读理解能力、阅读耐力、语感方面的培养，这将导致学生无法掌握核心的阅读技能，成为更优秀的阅读者。

英国教育标准局（Ofsted）在探讨英国学校设置的课程时指出，科学、历史、技术等基础学科，在小学课程中被边缘化。当然，我们能够理解，在严苛的问责制度和考试评估的双重压力之下学校采取此类做法，但正如阅读领域的研究者指出的，正是这些基础学科所提供的重要知识背景，决定了学生在不同课程中阅读复杂学术文章的水平。

在中学阶段，同样承受着问责和应试压力的教师，习惯性地将复杂的文本提炼为幻灯片上简短的、有限的表述。事实上，随着时间的推移，教材使用的语言也被简化了，复杂的学术用语变为通俗易懂的陈述。尽管幻灯片可以有效地协助教学，但在另一方面它也阻碍了学生阅读复杂文本，以及处理复杂信息能力的发展。

这样一来，有多少学生在进入大学之后，将在毫无准备的情况下，走过大学图书馆空荡的过道而一无所获？甚至有多少学生，会因为不能进行广泛而深度的阅读而彻底丧失持续学习的机会？

令人沮丧的是，研究发现，阅读并不总是在课堂上获得其应有的首要地位。人们忽视阅读的原因多种多样，我们需要根据不同学校、不同班级的特征逐一解决。事实上，在一份线上调查问卷中，教师表示，在4年级的课堂上，只有15%的教师会每天为班上的孩子朗读文章。我们应该质疑的是：谁将成为这种阅读严重不足的问题的最大受害者？答案是：那些家里的书架空荡荡的学生，或者是那些家里根本没有书架的学生。

● 弥合学生校内与校外的阅读差距

那么，阅读曾经为我们做了什么？

它深刻地影响着我们的生活，为我们提供了一个存储知识和分享文化、智慧的工具。阅读、理解能力与健康、财富和福祉之间密不可分的联系早已是公认的真理。它不仅仅是我们实现其他人生目标的一种手段，阅读本身就是一个值得追求的目标，是人生最有价值投资之一。

对我个人而言，尽管阅读职业发展至关重要，阅读本身也深刻地影响了个人的生活。潜心读书为我打开了无数大门，对我父母而言，这些大门曾是关闭的。我能够进入大学学习，得益于我超强的学术阅读能力，尽管我的父母无法帮助我解读中学或更高层次的学术书籍，但回顾人生，我意识到他们默默地创造了一个丰富的阅读环境。我的母亲会无休止地埋头于一个故事的阅读，而我的父亲每天都会翻阅不同的报纸，从第一页到最后一页，不错过任何信息。我的家人们会将讨论体育新闻当作一项日常的活动。

对我自己的孩子，我抓住一切可以利用的机会，培养他们对阅读的兴趣，并与他们分享所读的书籍。我们为他们的每天阅读提供支持，如果小女儿对科学或政治感到好奇，我会在网上订购一本书，第二天送到她手中。我们每晚的共同阅读，有助于精进他们的阅读技能，激励他们阅读更多的书，并享受阅读的过程。而当他们每年迫不及待地读完满满一书架的书时，他们的知识量也随之增长，取得优秀学业成绩的概率也同步提升。对我的孩子来说，为获得愉悦的精神体验和实现目标而阅读已成为成功的保证。

对每个孩子而言，阅读的动机和享受阅读的快乐，其实在人生的早期就已开启，甚至在上学之前就已经开始了。对于那些在学校之外缺乏阅读能力培养的经济和文化支持的学生，他们阅读的初衷和动力很可能在入学时就被削弱，我们需要迅速培养和提升他们的阅读技能，支持他们不断拓展阅读的广度与深度，给予他们体验阅读快乐的机会，这将为他们未来持续学习与发展带来无尽的益处。

研究证据表明，阅读小说和报纸的习惯，与青少年的阅读技能的培养密切相关。虽然我们的青少年学生通常是在阅读信息类文本，但经常接触到小说中的丰富文字、观点和知识，仍然有助于他们取得学业上的成功。我们可以鼓励学生阅读小说，在享受阅读乐趣的同时训练学生阅读信息类文本的技能，使学生在未来能够像历史学家、科学家或地理学家一样无障碍地阅读复杂文献及研究。

通过以上论述，我们可以得出这样一个结论，学生阅读的能力决定他们未来的学业发展，阅读技能是我们应该培养学生的一个重要学习技能。

那么，我们以最有效的方式进行阅读教学的前提条件是什么？我们可以制订哪些计划优化针对学生阅读技能训练的教学设计？

基于本书的论证，我们可以从以下几个步骤开始。

1. 对教师进行培训，使他们成为学生从“学会阅读”到“在阅读中学习”等领域的专家。
2. 制定和教授一个连贯的、循序渐进的“包含丰富阅读内容”的课程大纲。
3. 在教学中，侧重阅读机会、阅读练习和提高阅读能力等内容。
4. 教导、示范和支持学生的阅读，使他们成为有策略和有知识的阅读者。
5. 培养学生带着目标阅读和享受阅读的自驱力。
6. 在校内与校外培养阅读的文化。

本章内容概述

- 学生间阅读能力的差距在他们上学之前就已经存在。在没有积极干预和介入的情况下，差距会进一步拉大。如不采取任何措施，在小学和中学的过渡时期，学生间阅读能力的差距会逐渐加大。
- 养成每日阅读的习惯非常重要，每天听到诵读的幼儿，比没有父母或照顾者诵读的同龄人，每年可多听约100万字。
- 学生在学校进行的阅读文本，通常比其他形式的阅读更复杂，需要辅助的背景知识和相应的阅读技巧。对学生来说信息类文本具有独特的挑战性，因为与许多小说类文本相比，信息类文本使用了更多复杂的专业术语及文法。
- 虽然教师每天都应该以学术阅读为媒介进行教学，但大多数教师在理解阅读发展，以及如何在课堂上最有效地进行阅读教学方面，存在着知识储备的差距。
- 阅读已经被证明是学生必须掌握的重要学习技能，教师应掌握科学的阅读方法及阅读教学方法，保护、加强学生的阅读意愿，训练学生的阅读技能。

第二章

阅读的发展史

善读者更善辨别。

皮南德·米南德（Menander），希腊作家（公元前4世纪）

想象一个熟悉的场景：一群学生一边谈论最近玩的游戏，一边走进教室。很快，老师就要求他们安静下来，乖乖地在座位上坐好，做好书写的准备。

唯一的差别是，这些本子由黏土制成……而这个教室的场景同样出现在约5000多年前的美索不达米亚的苏美尔。

经历漫长的历史发展，我们阅读的工具已经从黏土制成的小泥板变成了平板电脑。

苏美尔人的学生要在这个放满了“小石板”的教室里，花上数年的时间学习本民族的语言。这是一种非常传统的教学方式，教师在小泥板的一面书写和印刻符号，学生在泥板的另一面根据记忆，书写学到的符号，这种方式仍然让人联想到今天的教学，因为它本质上依然是传统的“看—

写一查”学习法。

这些早期的美索不达米亚的书写板约7.62厘米宽——非常类似我们现代的智能手机。一个装满了这些小泥板的袋子，就成为了最原始的“书本”。

我们在苏美尔地区发现了“楔形文字”。“楔形文字”一词源于拉丁语，意为“钉子”，因为最早用于在软泥板上做标记的尖头芦苇笔，看起来很像钉子（如同乌鸦等鸟类的爪子，在软泥表面留下的印记）。

请诸位尝试一下楔形文字的阅读，看看能否辨识出图2.1中的楔形文字分别对应的“字母”。

图2.1 美索不达米亚地区的楔形文字

然后，你可以选择继续往下看，也可以选择稍作休息，或喝杯咖啡。然后合上本书，试着在脑海中描绘这些楔形文字的样子，形成视觉记忆，然后根据记忆，将它们还原到纸上。再打开本书，查看图2.1的楔形文字，你的表现如何？你是否正确地还原了这些原始的“字母”？

毫无疑问，要将这些复杂的早期符号和语言形象化并记住，对现代人来说是个棘手的挑战。这也明确地说明了，为什么我们要开发出高效的26个英文字母表，将常见的字母与一系列的发音关联起来。毕竟，学习数以千计的楔形文字符号，可能要花费6年多的时间，这是一个非常艰辛的过程。然而，如果你带领一群小学生去大英图书馆，他们可以在短时间内模仿、翻译这些早期楔形文字（如图2.2），并从中收获许多乐趣。

关于苏美尔文化和阅读的诞生的许多确切真相，就像莎士比亚的一生一样，充满了神秘感，是一段鲜为人知的不完整历史。然而，可以确定的是，在古代社会中，人类的声音首次以符号的形式被印刷出来，主要是为了确保交易和合同，达到字面意义的“坚如磐石（或泥板）”。出于兴趣或乐趣的个人阅读，出现的时间可能远远晚于苏美尔社会的商业型阅

图2.2　楔形文字泥板：用苏美尔楔形文字写在泥板上的总督的银子支出账目。出自舒鲁帕克（Shuruppak）或阿布萨拉比赫（Abu Salabikh），伊拉克，约公元前2500年，大英博物馆，伦敦，编号15826

图源：加文·柯林斯（Gavin Collins）2010年

读。在彼时，阅读主要是生活和工作的一部分，比如用于记录牲畜的销售。尽管一些出身贵族的女孩也学会了阅读，但接受阅读学习的群体大多为男孩。

美索不达米亚有一句流传至今的格言："让受教导者指引学习者，因为未经训练者往往无法看到。"

从柔软的泥板到闪亮的新技术平板，人类的阅读方式呈现出一种颇具指导意义的连续性。事实上，如果我们更好地学习阅读故事的历史，将可能获得更多信息，从而更好地理解当前的阅读方式，同时对未来的阅读方式进行一些有意义的预测，简而言之，我们需要从阅读的发展史中学习有关阅读的经验。

如果你了解阅读的历史

我们为什么不尝试给每个小学年龄段的孩子讲一讲人类最伟大的故事之一：人类是如何学会阅读的?

虽然大家都知道有洞穴图画，如法国的拉斯科洞穴（Lascaux caves），其历史可以追溯到公元前1.6万年左右的旧石器时代，但第一本已知的"书"——"普鲁斯纸莎草"（Pruss Papyrus，约公元前2500—前2350年）的出现，则要晚得多。在人类漫长的历史中，我们看到，阅读这一行为在极端的时期内，改变了人类的生活方式。不仅如此，阅读还为人类的发展进步提供了重要载体，记录着我们的自我进步的历史。

人类阅读的历史只有短短不到5000年，因此，人类的大脑还没有发展出专门为阅读设计的神经结构。于是，阅读的过程劫持了人类大脑的听觉系统，基于人类对语音的重要听觉，以及口头语言的系统，将语音转换为文字。这就是为什么人类的阅读能力并不像学习说话或走路那样，“与生俱来般自然”。这个关于人类的阅读大脑仍处于发育过程中的故事，提供了必要的知识，让我们能够更好地理解如何去教授阅读这样一个至关重要却困难、复杂的行为。事实证明，学会阅读，比学会说话更难，也更“不自然”，这就要求教师提供效果最佳的阅读课堂教学。

我们现在阅读的文字，与阅读体系的遥远起源几乎没有任何共同之处。从古代开始，我们阅读的语言系统，从棍子和墙上刻画的简单凹痕——表示出售的牲畜或达成的合同——发展到代表不同动物的象形文字和更多其他的信息。

经过几百年的发展，人们认识到这种阅读系统的效率很低，而符号标记法（logograms）——代表一个词或一个短语的书面字符——被证明相对容易。当人们设计出以字母代表声音时，这个体系就变得更高效，因为我们可以用相对较少的字母组成更多不同的单词。因此，“猫头鹰”（OWL）这个单词可以简化为“OW”，以此类推。然后，我们可以用少量的字母表示更多的声音和单词（如图2.3）。因此，教儿童阅读的过程，更多关乎如何学习这个重要的字母—声音代码系统。

当我们去挖掘希腊和罗马帝国等声名远扬的古代社会时，会发现它们是最早出现的文字记录的社会。正是阅读和写作使两个帝国的影响力不断传播，并推动了其社会其他方面的进步。

在古代社会中，由于大多数人是文盲，公开朗读十分常见。阅读被认为是一种听觉参与的语音学习行为，而非现代人习以为常的那种沉默的、沉思学习行为。鉴于古今阅读目的的不同，我们认识到，当前被视为

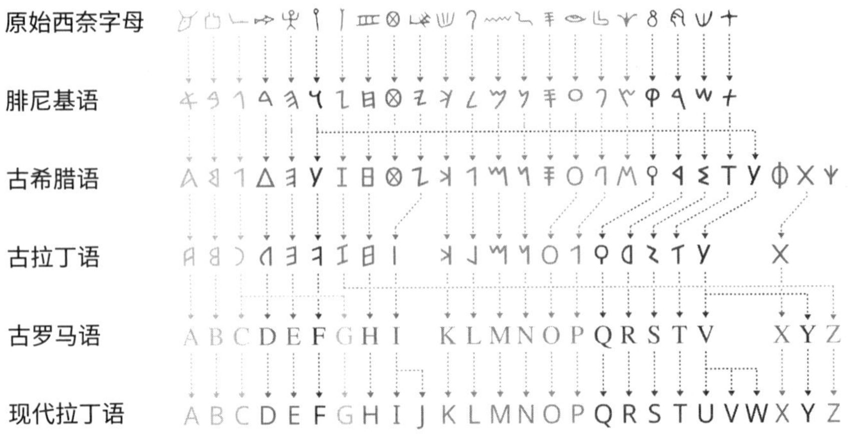

图2.3　字母表的演变历史

图源：马特·贝克（Matt Baker）2018年。

理所当然的写作行为，可能也存在显著的时代差异。在古典主义时期，写作被描述为“连续的文字”（scriptura continua），也就是说，字与字之间没有空格、没有标点，也没有我们认为构成“写作”的其他结构特征。这种文字模仿了连续、流动的“自然”语言。

随着时间的推移，阅读也逐渐变成一种更加个人化和典型的无声行为。383年左右，圣奥古斯丁在他的《忏悔录》（*Confessions*）中表示，看到无声的阅读是非常奇怪的，并在观察圣安布罗斯无声地阅读时，记录了这个奇怪的现象：“当他阅读时，眼睛扫过页面的文字，在内心领悟文字的意义，但在这一过程中他是沉默无声的。”

毫无疑问，一旦文字变得更加清晰易读，沉默地阅读就会变得更加容易。7世纪开始，字符之间的间距和其他行文特征开始出现，而这可能推动了阅读转变为我们现代社会典型的“无声”且主要在“头脑中”进行的行为的重大转变。

现代阅读和写作方式的另一个至关重要的特征是存在标点符号，这也是一个相对较早的发明，但最初的标点符号并不像我们现在使用的这样规范、有序。大约从8世纪开始，句号以破折号和点的形式表示，段落则用大一号的首字母来划分。

中世纪的学者们在“第一遍阅读”（lectio）时会分析所读内容的语法，然后再进行“字面阅读”（littera），即对文本进行字面阅读。随后是“批注阅读”（sententia），学者们会阅读其他得到公认的评论家对有关文本的意义的讨论。当然，在今天的课堂上，重读和详尽的细读仍然是至关重要的方法。事实上，现代的阅读专家建议，教师在课堂上采用建立在类似原则基础上的战略性重读的方法。

如果现在的学生，抱怨阅读和思考太辛苦，不妨让他们看一看中世纪的学者是如何学习的。在13世纪的西班牙，国王阿方索·萨比奥（King Alfonse el Sabio）要求教师必须从头至尾地为学生诵读完整本书，除非教师的身体健康状况不允许。从中世纪的教育中，我们能看到课堂上的阅读行为得到了适当的发展，使其成为当今教育课程安排和课堂内容的重要部分，以至于我们将其视为一种理所当然的、“自然”行为。然而，在深度阅读学术性内容，做笔记、重读、挖掘新的意义层次的过程中，现代的学生，以及我们每一个人与古时候的苏美尔人一样面临巨大的挑战，同时也延续着人类历史上最伟大的一个传统——深刻地阅读。

机器的崛起

到了1450年，人类世界发生了颠覆性的变化。

当然，得益于技术的进步，阅读方面的革命在此之前也曾出现过。用来书写的泥板，被纸莎草卷轴和羊皮纸（可伸展的兽皮）所取代，最终纸张成为世界范围内统用的书写媒介。每一种新材料都开创了一个新的时代，增加了民众接触阅读的机会，使识字率大增。

当然，对于现代意义上的书籍而言，其产生不得不归功于纸张的广泛使用。来自德国美因茨的约翰内斯·古腾堡（Johannes Gutenberg）将书籍的生产，从费尽心思的昂贵手工艺术品，转变为廉价、易于复制的商业化产品。通过发明活字印刷——用一组木制字符（后来发展为使用金属），可以有效地在纸上印上油性墨水，使得单次印刷能够印制42行内容，从根本上加快了书籍的生产过程。同时，伴随着印刷机数量的增长，劳动密集型的手抄书逐渐退出历史舞台。

古腾堡在1468年在他的家乡美因茨（Mainz）去世，去世时他籍籍无名，据传他已经失明。然而，凭借其开创性的发明，古腾堡最终使世界上更多的人能够有机会阅读，并像米南德所预言的那样，更清晰地看到这个世界。印刷机的发明，迅速在整个欧洲产生了深刻而显著的影响。在德国，马丁·路德（Martin Luther）迅速地利用全新的印刷技术，印制小册子并开启了一场宗教革命。威廉·卡克斯顿（William Caxton）将印刷机带到了英国，他很快发现英语书籍比拉丁语更畅销。最终，这些涌入欧洲大陆的新印刷书籍影响到宗教的统治地位，并使书面的英语语言融入人们的日常生活。随着廉价且便捷的阅读方式的普及，宗教信仰及人们的日常生活方式发生了巨大的变化。

正如我们所知，获得书籍的新方式重新定义了教育，而随之而来的学校教育改革，也反过来改变了阅读的方式。现代人熟知的学校教育在16世纪出现。文法学校（之所以称之为文法学校，是因为它们的显著特点是教授拉丁文法）由商人和一些开明的神职人员资助成立。尽管，文法学校大部分的阅读都是宗教性质的，但人们对阅读的狂热需求已被激起，学生、成年人会迅速自主寻找浪漫、冒险小说等不同题材、类型的阅读材料。

到了1900年，大约90%的英国人已经具备了实用的读写能力。这种读写能力带给民众精神层面的滋养，以及人们阅读内容范围之广泛超出想象。在亨利·梅休（Henry Mayhew）所著的《伦敦的劳工和伦敦的穷人》（*London Labour and the London Poor*）中，描述了在人头攒动的城市图书馆，卑微的“捕鼠器”制造商们正在谈论他们“花上一小时浅读”莎士比亚戏剧和弥尔顿的《失乐园》（*Paradise Lost*）。一位卑微的捕鼠器制造商精准地总结道：“阅读给予一个人了解这个世界和无数创造的视角，当一个人能同时用头脑和双手工作时，劳动就成为了他的乐趣和骄傲。”

在短短的几百年间，读写成为许多英国人普遍掌握的技能，这改变了人们工作生活和娱乐生活的各个方面，从身价百万的银行家到捕鼠器制造商都受到深刻的影响，而如今的每一位读者也都是这段特殊发展历史的直接受益者。

儿童阅读：专属儿童的文学

让我们从儿童时期开始：

> 也许只有在儿童时期，书籍才会对人们的生活产生深刻影响。在往后的岁月里，我们可能欣赏所读的内容，从中获得享受和乐趣，可能会改变自己固有的观点，但在书籍中，我们更有可能确认头脑中已有观点的东西。
>
> 《失落的童年》，格雷厄姆·格林

直到几千年之后，苏美尔非常原始的阅读间里的男孩们，以及无数隐藏在人类历史视野之外的女孩们，才最终被认为适合学习阅读，并最终获得了符合自身特点的文学素材。在19世纪初，为儿童提供的主流阅读素材，依然由宗教和道德教育主导。然而，阅读最终逐渐演变为获得任何一门知识，为了纯粹的娱乐和乐趣而进行的一项活动。

当然，自从有历史记载以来，许多儿童都曾享受过阅读故事的乐趣。在阿里斯托芬（Aristophanes）的古希腊戏剧《吕西斯忒拉忒》（*Lysistrata*）中，合唱团吟唱了“当我还是个小男孩的时候，他们曾经给我讲过一个寓言”的场景。尽管古时候男孩和女孩们，毫无疑问地被家人和朋友讲述的神话、传说和故事所吸引，但这些故事逐渐演变为适合儿童群体的文学作品，也经历了更长的时间。

如果仔细观察，我们可以发现，希腊伊索的道德寓言——如《龟兔赛跑》和《狼来了》，为1901年毕翠克丝·波特（Beatrix Potter）刻画勇敢的彼得兔的形象提供了灵感。你也可以在《贝奥武夫》（*Beowulf*）讲述盎格鲁-撒克逊人的故事中，看到J. K. 罗琳（J. K. Rowling）的作品深受这些伟大巨著的影响。

那些传承了几千年的传统故事，逐渐变成了我们所知的“童话”。实际上，“童话”这个词，由17世纪的法国作家达奥诺伊夫人（Madame d’Aulnoy）创造（法语为“Conte de fées”）。然而，迪士尼对这些传奇故事的改编版本，往往有着更为黑暗生动的起源。事实上，在阅读格林兄弟的《灰姑娘》（*Cinderella*）故事时，你可能在毫无征兆的情况下，就读到了艾拉为了穿上玻璃鞋而砍掉脚趾的血腥内容。在这些著名的寓言故事中，以“从前”为背景，孩子们可能在故事中，一窥令人迷失和危险的成年世界。

尽管17和18世纪出现了许多童话故事和为儿童而写作的书籍，但儿童阅读的第一个黄金时代大约在19世纪末才开启。彼时，查尔斯·道奇森（Charles Dodgson），以他更为知名的笔名刘易斯·卡罗尔（Lewis Carroll），于1865年出版了《爱丽丝梦游仙境》（*Alice in Wonderland*）。这个故事，在他于牛津坐船招待当地牧师罗宾逊·达克沃斯的女儿们之后出版。1883年，罗伯特·路易斯·史蒂文森（Robert Louis Stevenson）出版了《金银岛》（*Treasure Island*），标志着特别为儿童撰写的冒险故事的诞生。

到了世纪之交，毕翠克丝·波特在1901年开始创作彼得兔故事系列。这些简单故事的成功巩固了绘本在儿童读物中的影响力。虽然在波特之前出现过很多儿童书，但她的故事和附带的插图，推动人类历史迎来了史上可以被称为“阅读世纪”的第一个时代。

像《彼得潘》（*Peter Pan*）、《彼得兔》（*Peter Rabbit*）和《小妇人》（*Little Women*）这样的儿童读物，不仅仅是快乐的源泉，它们也最好地定义了我们对童年的概念。正如弗吉尼亚·伍尔夫（Virginia Woolf）所说："童年的印象，往往是持续时间最长，记忆最深刻的存在。"这些儿童故事将长久地留在孩子们的共同记忆中。随着技术的发展，书籍的生产成本越来越低，图书馆蓬勃发展，各种类型的书籍，无论是虚构的还是非虚构的，都将成为许多孩子生活中不可或缺的一部分（可悲的是，并不是所有的学生都拥有属于自己的书架）。

现代化的生活和阅读方式，即被各种书籍和文本——纸质的、数字的、音频的包围，使得几乎无穷无尽的信息，随时随地触手可及，将这种伟大的成就视为理所当然，好像也无可厚非。

可以说，我们现在正处于儿童文学的又一个黄金时代，我们有J. K.罗琳笔下无处不在的魔法师，还有菲利普·普尔曼（Phillip Pullman）、凯瑟琳·伦德尔（Katherine Rundell）、马洛里·布莱克曼（Malorie Blackman）和迈克尔·莫普戈（Michael Morpurgo）等作家一起，创作出大受欢迎的书籍，并被改编成戏剧、电影，同时推动了次生行业的发展。现在，每年都有数以千计的文学艺术类绘本，专门为儿童群体出版。

这些精彩的图书，也慢慢开始反映阶级和种族的现实，尽管在为诸多学生的生活提供一面镜子方面，它们仍然还有很长的路要走。如果我们给予学校的阅读更多关注，并在这一伟大的儿童文学传统的基础上继续发展，这些故事就可以成为学生了解自己的一面镜子，同时也将为他们打开一扇了解世界的窗口。

然而，尽管为青少年提供了丰富的文学作品，尽管有数以百万计的可读书籍、普及教育和广泛的阅读，我们还是不禁要问：我们所知的儿童阅读文化，是否会因为视频媒体和无处不在的新技术的崛起，而发生不可逆转的变化？

是阅读的死亡，还是一个勇敢的新世界

在我们生活的这个时代，阅读行为变化迅速，学生的阅读载体已经从在泥板转移至平板电脑。

在阅读发展的每个阶段，新的创新不仅改变了阅读的方式，也改变了我们生活的社会。随着移动技术和互联网的出现，阅读的内容和方式发生了巨大的变化。在历史上，人类面对变化便已表现出恐惧，正如前文所述，伟大的哲学家苏格拉底就曾非常担心书籍的出现，会阻碍人类记忆和语言能力的发展。面对当下阅读行为逐渐被快速滚动的碎片化信息获取方式所取代，我们的担忧是否合理？我们是否像苏格拉底那样，对新技术的发展持怀疑态度？

受人尊敬的作家和教育学教授玛丽安娜·沃尔夫（Maryanne Woolf）曾指出她担心人们的阅读习惯会发生不可逆转的破坏性变化："作为一个科学家，我担心的是，像我们这样的阅读专家，在每天进行多个小时（和多年）的屏幕阅读后，在阅读更长、更复杂的文本时，是否会不自觉地调整对关键过程的注意力分配。"虽然我们仍然处于技术的颠覆性变革之中，但我们已经发现，有证据表明技术的局限性。我们早已知道，电视根本不能帮助我们认真思考，所以当幼儿正在发展语言的能力时，看电视谈话并不能带来等同于阅读书籍的益处。

那么，我们是否应该坚守精装书，放下手中先进的电子技术设备？答案是：我们可能需要二者兼顾。

最新的证据表明，纸质阅读会比数字阅读提供更多的实质性学习，在计时条件下和阅读非小说类文本时，两种方式对信息量的获取对比更为显著。也许是因为我们的学生更愿意将纸质阅读与学习联系起来，而平板电脑则会在他们的脑海中被自动归类为娱乐。也许在我们的设备上滚动、切换和多任务处理，会导致注意力的分散，这与沃尔夫的担忧不谋而合？

这些新出现的证据，为教师提出了一些真正有用的问题：

- 我们的学生在阅读时，能保持注意力吗？我们如何确定？
- 我们的学生使用电子技术设备阅读时，效果如何？他们是否略过和跳过关键的信息，只是做到了流于表面的阅读？
- 我们如何确保学生无论以何种方式阅读都能是积极的、有策略的阅读者。

我们应该就此把笔记本电脑扔掉吗？也许不应该，毕竟时代的发展不可逆转，所以我们应该更好地训练学生如何在数字空间中阅读，这才是最好的选择。作为教师，我们确实需要考虑学生阅读纸质书籍与电子书的合适时间、地点。

阅读本身的文化价值，花了很长时间才逐渐积累起来。很久以前，与诗歌相比，小说被认为是轻浮的。几百年后，儿童文学遭遇了类似的批评。例如著名儿童文学家伊妮·布莱顿（Enid Blyton）被指出作品中应用的词汇过于简单，这可能会阻碍儿童批判思考能力的发展。

作为教师或孩子的监护人，我们应该对阅读的变化、发展保持警惕。一个不可忽视的现实是，我们掌握阅读和写作能力的历史不过短短几百年。从这个角度来看，阅读是脆弱的。当我看到自己的两个孩子在家里陶醉于手中的电子设备时，我认识到新技术的力量和光明未来，同时也认识到深入的、“传统的”阅读具备的重要力量，这也被证明是学校应该培养的最重要的技能。

至于人们对技术的迷恋，似乎已经威胁了人们的阅读能力，爱德华·詹纳（Edward Jenner）提出了一个非常精辟的警示：“如果绚烂的技术最终威胁到生成它的原初智慧，那这将是一种耻辱。”

新发明的出现，只是巩固了阅读作为人类最伟大和最重要的发明的地位。当我们的学生穿越近乎无限的互联网时，有策略的、越来越专业的深度阅读，将有助于引导他们在学习中持续取得新的、令人兴奋的进步。

简而言之：阅读变得比以往任何时候都更重要。

令人欣慰的是，今天我们延续了苏美尔人优秀的阅读传统，同时我们也学会了如何持续更新、改变阅读的方式，为未来可能发生的任何变化做好准备。

本章内容概述

- 第一个已知的、与现代学校阅读相似的阅读教学方式，是在古代美索不达米亚的泥板上进行的楔形文字教学。
- 古代的阅读文本大多是没有单词间距或可识别的标点符号的“连续文字”，与现代以书籍为载体的阅读文本存在较大差异。拼写和标点符号的规范化使用仅有几百年的历史。
- 从纸张的发明，到古腾堡印刷机的诞生，再到现代电脑等机器智能的发展，人们的阅读方式发生了巨大的变化。
- 为儿童写作的文学作品体系在过去几百年里逐渐建立，它改变了我们对阅读教学概念的理解。

第三章

以科学的视角看待阅读

阅读已经成为人们生活中不可或缺的一部分，事实上也成为我们自身的一部分，以至于大多数人将其视为理所当然。考虑到阅读行为的个体性，对阅读行为本身进行过多的科学分析，会让人觉得像是在“拆解彩虹”，破坏了阅读诗意的美感。重要的是，我们应该向每一位教师展示，对阅读科学的关注，如何能够为学生的学习提供宝贵的启示。

让我们一起读一读英语文学中最著名的一段开头。

> 寒冷晴朗的四月天，钟敲了十三下。温斯顿·史密斯在寒风中紧缩着脖子，快速溜进胜利大厦的玻璃门，不过他的动作不够快，一阵旋风裹挟着沙子尾随而入。
>
> ——《*1984*》，乔治·奥威尔

当你移动视线阅读前面这段文字的第一行时，每个单词只能获得250毫秒的关注。然后，你似乎以匀速的节奏，流利地阅读了前述两个句子中的每个单词，就好像主角温斯顿一般迅捷。

作为经验丰富的读者，我们几乎可以毫不费力地将所有的字母与其发音匹配，然后利用丰富的单词、词组和句法（句子的顺序和结构），以及与语言模式相关的海量知识，实现一边发声一边理解的目标。但当个别单词违背了我们对这个流畅理解模式的敏感度时，如前文的“钟敲了十三下”，我们的大脑会监控思维和阅读的过程，基于庞大的背景知识库中已经储备的信息，迅速修正并重新审视我们的理解。

我们能够先解码前述文字中的所有词，并按照顺序理解它们，然后再结合作者对“十三”的巧妙而奇怪的使用，进行更深层次的理解。“十三”标志着小说发生在一个陌生的世界，并因此引发了与更广泛的乌托邦小说类型的关联。

因此，阅读的科学可以帮助我们描绘出从阅读类似“冷”和“日期”这样的简单词汇，到理解描述想象中世界的无限复杂故事，以及更多深远信息的复杂路径。无论你是否熟悉《1984》这本小说，阅读、理解这段文字是复杂过程。事实上，“真正的”阅读是如此复杂和多面，以至于很难彻底研究，所以人们选择将其分解为各个组成部分，如解码综合单词的发音组成、单词记忆、流畅性和阅读理解等。

人类的大脑已经形成了通过口头语言获得阅读能力的通路，即依赖于我们对声音和语言的掌握，但将所有这些发音转换为相应的书面代码，事实上是一个非常棘手的过程。正如著名的认知心理学家斯蒂芬·平克（Stephen Pinker）所说：“儿童天生对声音有兴趣，但印刷品是一个可有可无的配件，必须费尽心机才能建立联结。”因此，我们需要明确、科学地在学校里教授解码文字的方法，直到阅读看起来变得更自然。

考虑到英语在数千年的变迁过程中，从全球各地多达350种语言中借用和窃取了无数词汇，英语已经形成了一个复杂的代码库。英语的单词数量，是德语的3倍，法语的6倍，且大多数单词都是多义词（每个单词都有多个潜在的含义），再加上不同的拼写体系，破解英语词汇的密码则更为复杂，而跨越不同语言、不同学科的阅读更是一项需要终生学习的技能。

但为什么还有很多成年人，将阅读视为自然、简单的行为？我们可以将这种现象描述为“汽车驾驶专家效应”，即在拿到驾照后不久，我们很快可以将换挡、检查后视镜、看路等对新手司机而言手忙脚乱的痛苦步骤自动化，使驾驶过程融合成一种有凝聚力的、明显流畅的技能。几乎所有接受过教育的成年人，在阅读时也能够做到同样程度的自然和放松。

论及学习阅读的过程，它并不像学习说话那样自然或容易（尽管对一些人而言，学习说话也是难事），所以仅仅是给孩子们诵读好书——尽管其价值不容否定——也被证明是远远不够的。在一项关于学龄前儿童阅读的相关研究中，孩子们花在正在阅读的故事书中的图片上的时间，是看文字时间的20倍（不得不说，这也是正常现象），因为对孩子们而言，阅读文字并不是一件自然而然的事情。

其他的研究也表明，许多儿童认为，父母实际上是在用图片给他们读书，而不是通过文字。只有在经过大量的阅读练习和教学后，儿童才会开始意识到盯着页面上的字母才是正确的事情，也才能够做到条件反射地先看文字而不是图片。

毫无疑问，在孩子们上学之前，家庭中的阅读环境，以及接触丰富的谈话（也就是说，大量的轮流和参与扩展谈话）的机会，具有重要的价值，并为孩子们的学业和阅读技能的成功提供了关键的基础。然而，至关重要的是，对于大多数儿童来说，他们仍然需要大量的针对性指导来学习阅读，并继续做到“在阅读中学习”，这其中需要投入的努力可能会比想象中更多，需要的时间也比预期的要长。

回顾前面提到的驾驶的比喻，我们往往从惨痛的事故中意识到，并非每个在道路上驾驶的司机都擅长开车！同理，许多初学的学生也会在初学阅读的道路上遇到许多阻碍。

部分家长和教师，基于个人的经验，可能会理直气壮地表示，学会阅读是一个自然而然的过程，根本不需要正式的指导，并质疑学校在入学初期给孩子们设置的正式语音教学或阅读策略教学的课程。而对“超前阅读者”的儿童对象的调查表明，有些儿童的阅读技能发展远超同龄人，这些孩子在家庭教育中接触了大量的阅读，并广泛参与了不同类型的谈话，锻炼口语表达，因而非常迅速地掌握了语音学习的模式，并呈现出一种超出其年龄的诵读能力。

对于这些“超前读者”而言，结构化的语音教学，或对阅读策略的刻意强调，似乎没有绝对的必要性，因为他们在某种程度上已经是自学成才了，所以重复“基本”的阅读策略，在他们看来可能是枯燥的，但对大多数孩子来说，明确的、结构化的和持续的阅读指导——在语言发展的早期阶段以及跨越小学和中学的整个漫长教育阶段是确保学业成功的关键。所以，学校和教师需要让大多数的学生掌握打开阅读奥秘的钥匙。

如果我们能够为教师群体提供拓展他们的阅读知识的资源、支持，那么他们就能够更有策略地应对、满足每个学生不同的阅读需求。

争议不休的语音教学法（拼读法）

让我们从最早期的语言学习开始，孩子对声音充满兴趣，在正式入学之前，他们就已经在间接地训练自己成为优秀阅读者的能力。与家人一起读过的每个故事，进行的有意义的对话和充满乐趣的童谣，都为阅读纸面文字能力打下了基础。

正如阅读研究者，塔夫斯大学阅读和语言研究中心主任玛丽安娜·沃尔夫所强调的那样，构成所读单词的声音系统（语言研究的分支，称为语音学）是阅读成功的基础。

> 对语言的语音逻辑方面（语音学）的广泛研究表明，文字游戏、童谣、诗歌以轻松愉快的方式，系统地接触押韵、首音和尾音，强化儿童在学习阅读方面的训练。让孩子享受诗歌与音乐，并从中中感受到快乐具有重要意义。
>
> ——《普鲁斯特与乌贼》，玛丽安娜·沃尔夫

当小孩子们开始通过诵读理解周围的世界时——远远早于他们能够阅读页面上的文字——他们可以对视觉线索进行理解，如“阅读”常见的标志。因此，孩子们可以认出并记住路边的“停止”标志，但这是他们对颜色和符号的视觉记忆，使他们能够“阅读”，而没有体现他们将字母解码为声音的能力。下一个重要的阶段——认识到字母可以转化为声音的阶段——才是“真正的”阅读能力培养的关键。

年幼的学生必须学会处理字母代码：破译字母的模式，并将其转化为

声音。这个过程需要以他们的“语音逻辑意识”为基础，也就是说，低龄的学生必须具备识别、比较、分离和处理单个声音的能力。英语中有44个音素对应了26个英文字母。

具备良好语音意识的儿童，可以回答关于所读单词中声音的简单但基本的问题，如一个掌握了音素分离能力的学生，将能够回答这个问题："from”这个英文单词的发音，从哪个音素开始？一个掌握了音素匹配能力的学生，将能够回答这个问题："哪个单词的开头与英文单词‘bed’（床）的发音相同？是‘cart’（马车）、‘shard’（陶瓷碎片）还是‘beach’（沙滩）？”这些词汇里的韵律模式很容易识别。这些都是早期语言习得中看似简单的步骤，但事实证明它们至关重要，而且并不是每个孩子都可以迅速而自信地掌握这些能力。

英国学校普遍采用的语音教学法，建立在一个广泛的科学共识之上，即帮助我们的学生破解字母密码需要系统的教学，可以简单地将其总结为：结构化的语音教学，语音学是明确地教会学生将声音（音素）映射到其对应的字母（字素）上的教学方法。例如，“shop”（商店）这个英文单词有四个字母，但只有三个音素："sh”-“o”-“p”。“sh”在英文字母表中被标为/ʃ/。学校应该系统地教授音标中的44个音素，学生才有可能自动进入解码阶段。

在英国，政府青睐的方法是“原音拼合法教学”（synthetic phonics）。这种方法的特点是先分离字母的发音，然后再把它们混合在一起。例如：b-a–t，然后得出单词bat（球拍）。另一种主要方法是“分析式拼读法”（analytic phonics），它从研究单词开始，然后识别复合音素。在这个过程中，首先对整个单词进行分析，所以学生可能会识别出“hid”（隐藏，过去式）这个单词，并将“id”音分离出来，然后创造出其他具备类似发音的英文单词，如“bid”（投标）。

所以，为什么还存在这么多争议呢？

100多年来，关于语音学的价值的争论一直很激烈。事实上，早在1843年，在美国，强调将单词分解成其组成部分的做法被描述为“如幽灵般诡异”。反对者认为，这样的拆解无疑会打击学生的阅读兴趣和积极性。

随着时间的推移，支持和反对的双方，出现了对峙，一个世纪过去了，争论仍在继续。“语音学”阵营受到“全语言”支持者的普遍反对。那些支持“全语言”学习的人认为，语音学的研究对象存在以偏概全的问题，并且没有将重点放在整个单词和真实的阅读体验上。他们认为，“全语言”学习将弥补“幽灵般的”语音学方法所缺乏的必要动机。

尽管科学界已经达成共识，认为结构化语音教学，是最有效的教学方法（一些研究人员认为，原音拼合法教学能让小学生更容易地开启阅读学习），但显然长期持续的争论已经压倒了阅读科学的结论。事实证明，这些争论非常激烈，甚至升级到了被称为“阅读战争”的程度。

尽管阅读领域的大部分科学家都倾向于首先采用语音学的方法，但仍有一个例子，可以说明为什么“阅读战争”仍然激烈地持续，这就是前文提到的英国官方要求的“自然拼读测试”（phonics check）。这个在1年级阶段开展的（英国）全国性评估，要求学生解码40个单词，其中20个为真实的单词，20个为虚构的单词（或外来词）。类似“chop”（砍）和“sing”（唱歌）等真实单词，将与“skap”和“blorn”等虚构的单词放在一起测试。许多有能力的小读者的父母无法理解，为什么他们的孩子在家里读得比较好，却在“blorn”这样的虚构单词上出错。我们能够理解家长们的困惑，但对家长来说，这种领悟可能令人难以接受。

“自然拼读测试”的例子表明，家长的生活经验与阅读的科学结论发生了冲突。这项评估的重点，是要独立地诊断学生的解码能力。“外来词”（或“凭空捏造的词”）剔除了学生根据其对词汇的熟悉程度来猜测单词的能力，因为这些单词可能经常出现在学校课文里。因此，这样的外来词可以更准确地评估学生的解码能力。然而，这个道理是否已经很好地传达给了家长？

鉴于“自然拼读测试”很可能导致诸多学生的失败，考虑到英国长期以来建立的高度问责制文化，学校可能会过度为测试做准备，并错误地强调学生对外来词的学习和掌握，同时拿到一个合格的分数，而非教会学生真正地解码词汇的能力成为很多学校的实际目标，这最终将导致语音教学的目标本末倒置。这项“自然拼读测试”最终并没有给词汇的检测留下多少空间，也没有对阅读理解的能力给予足够重要的关注。许多教师会因此而认为，这种全国性的测试，反而会使人们对阅读科学形成错误的理解和看法。

我们已经知道，仅靠语音学不足以实现我们将学生培养成为优秀阅读者的目标，事实上，在小学的低年级阶段，语音学相关内容的教授仅占20—30分钟。这就意味着，课外的阅读培养与课内的教学在提升学生的阅读技能方面发挥着同样重要的作用。

正如前文所述，我们已经知道，经常与成年人一起阅读，以及其他类型的丰富语言体验，是确保孩子们实现成功阅读的关键因素（拼读或语音能力可能并不是一个突出的因素）。但语音拼读能力的确是一个独立的有利因素，单独分析或许看起来作用不大。尽管背诵诗歌、唱歌、表达都有助于支持阅读能力的发展，但这些活动单独运作所发挥的效用是不够的，复杂的挑战，需要复杂的解决方案。阅读是一种复杂的、多面的技能，对于大多数学生来说，需要大量的支持和多种辅助手段，这并不奇怪。结构化的拼音教学法是一种高效的方法，可以尽早且快速地启动阅读能力发展的一个重要方面。虽然它能成功地帮助学生破解学术阅读的密码，但没有一个阅读学家会认为，在没有同时关注阅读流畅性、动机、理解力等方面的教学情况下进行语音教学是科学的做法。

此外，由于大多数家长和许多教师通常没有接受过早期阅读科学的培训，因此会对结构化语音等相关做法产生抵触情绪。不过，我们可以通过言简意赅的说明，让每位教师和家长理解其必要性和重要性：语音意识和语音知识是阅读的基础。如果一个孩子不能对“photosynthesis”（光合作用）这个词进行语音层面的解码，那么他在进入学校后，可能在阅读课程中遇到阻碍。解码，或更简单的“诵读文本”的技能，是确保每个学生实现有效阅读的重要条件。

阅读应该追求速度，还是追求流畅

“阅读的科学”常常被忽视，因为它过于复杂，且关于阅读的常见误解往往战胜了颇有争议的科学。对个人而言，个人阅读的经验，可能比那些难以捉摸、有时甚至是晦涩难懂的科学更重要。只有通过挑战既定的真理和质疑个人先入为主的假设，我们才能继续学习每个教师需要掌握的，关于阅读这一复杂而重要的行为的相关知识。

关于阅读，我们能够明确的一个错误概念，就是人们可以“快速阅读”的概念。请回答下面这个问题：

摩西在方舟上带了多少动物？

你猜出答案了吗？请在“本章内容概述”查看自己的答案是否正确。这不过是一个简单的例子，用来说明速读的概念本身是有问题的。正常的阅读速读，是每分钟240个词，如果你愿意，你可以在一分钟内匆匆扫过几千个词，只要你快速翻过需要阅读的界面。在这个过程中，你或许能够设法解码一些单词，但不可能完全理解所浏览的内容，除非它们是非常简单的文本，但这种快速阅读的场景出现在学术性研究课堂的概率并不大。

当你的阅读速度明显快于每分钟240字时，你并没有**真正在阅读**，而是在略读（通过快速阅读，对内容有一个大致的了解）或寻读（以找到一些具体的信息为目标而阅读）。这些都是非常有用的阅读策略，它们可以帮助你快速找到一些重要的信息，但不可能确保对整个文本的深入理解。**阅读的真正目的是理解，要理解我们所读的内容，就必须放慢速度，集中注意力。**

实现了真正阅读的最快速度的读者，实际上能够达到什么样的速度？有记录的成年读者阅读理解能力的最快速度，可以达到每分钟600字左右。然而，就跟前文提到的“超前读者”那样，这些人的成就并不能为教师提供很多有用的阅读教学指导。因为对于几乎全部的课堂阅读任务而言，速读将被证明是毫无用处的。**我们最好把注意力集中在相对缓慢的、审慎的深度阅读过程上。同时，还需要关注快速阅读和流利阅读之间的微妙差别。**

造成我们痴迷速读的一个原因，是我们将成年读者或年龄较大的学生较快的阅读速度等同于“流畅的诵读”。流利的阅读者能够自动将单词作为整体进行识别，这将充分释放阅读者的精力思考内容的意义，并在诵读时能够进行理解、表达。当他们阅读的节奏与对话的节奏相近时，他们的诵读也会听上去如对话般自然。因而，与其追求阅读的速度，我们不如在课堂上教授学生流畅地诵读。

在聆听学生的大声朗读时，他们在诵读流畅性方面的差异将尤为明显。流畅的诵读者将能够呈现极富表现力的表现，他们的音量、语气、节奏与阅读内容相合，整个诵读的过程自然、流畅。但也存在另一个问题，即有些学生虽然在诵读方面表现出色，但他们并未理解朗读的内容（我将在下一章详述这个挑战）。

蒂莫西·拉辛斯基（Timothy Rasinski）教授提出的“多维流畅测评表”中，总结了评价诵读流畅性的4个维度：

1. **表现力和音量：**口头表达能力和音量的变化，以匹配对所读段落的解释。
2. **措辞：**在诵读单词和句子时有适当的停顿，并意识到诵读时主要以语段和句子，而不是单个单词为重点。
3. **流畅性：**学生在诵读中出现的任何中断，或遇到的诵读困难都可自我解决。
4. **节奏：**匀速的、对话式的诵读节奏。

“多维流畅测评表”可以作为教师评估学生诵读流畅性的诊断工具。

多维流畅测评表

	1分	2分	3分	4分
表现力和音量	音量很低，仿佛只是为了将单词念出来；整体的诵读不自然，无法像与人交谈一般自然	音量很低；部分内容的诵读比较自然，但阅读者整体的表达并不像与人交谈一般自然	音量适中、情感充沛；但有时读者不自觉地陷入毫无表现力的机械式诵读；听起来不像是与人交谈一般自然	诵读抑扬顿挫、情感充沛；读者的诵读听起来像与人交谈一般自然，声音与表情都能够与所读内容契合
措辞	以每个字为单位，机械地发音	以2—3词的词组为单位诵读，但并没有契合自然的停顿、强调和语调	在诵读时，会出现停顿，但有合理的重音和语调	诵读时可进行合理地断句、停顿，契合自然的停顿、强调和语调
流畅性	诵读时频繁地迟疑和停顿；不确定单词的发音是否正确；下意识地重复单词或词组；诵读者多次尝试反复朗读同一个段落或篇章	诵读过程中出现了长时间的停顿或迟疑；诵读者遭遇了多处“困难点”	诵读过程中，不时出现打断节奏的停顿；诵读者在特定词汇和/或特定类型的句子结构上，做不到流畅诵读	能够流畅地诵读，时有停顿，但能够自主纠正困难词汇和/或复杂句子结构层面的诵读错误
节奏	诵读速度慢且吃力	诵读的速度较慢	整体可以保持一个相对合理的诵读节奏和速度	诵读速度合理，且契合了自然对话般的节奏和速度

总得分10分以上，就意味着学生在诵读流畅度方面取得了可喜的进展。

得分__________

在教育学生成为更流利的读者方面，低龄儿童的教师总是经验丰富，诸如定期提供的诵读练习的策略，有着显而易见的效果，此外还有重读一系列的文章，促进组队阅读和诵读（参见第七章）。选择简短的阅读段落进行诵读练习是最常见的做法，这可以培养学生的阅读耐力，同时提供反复的练习，使他们能够专注于流畅诵读的每一个方面。教师在为这一过程提供支撑方面，扮演了至关重要的角色。

我们知道，要想让学生独立地阅读一篇文章，他们读词的准确率需要达到95%左右，如果文章太难，那么他们将不得不过多地专注于辨识单词，这样的文章对训练学生流畅地阅读作用有限。对于低龄的儿童，应该挑选"《金发姑娘》类似难度的文本"，选择阅读及理解难度适宜的文本进行持续的课堂阅读和家庭阅读，应贯穿学生从学前教育至中学的最后阶段的整个成长时期。

至于每分钟应该阅读多少字，以决定学生的阅读流利程度，这是一个难以回答的问题。英国教育部认为，7岁儿童要达到阅读流畅的标准，"预期目标"是每分钟阅读90个字。但根据美国的统计，表现最优异的10%的11岁儿童，平均每分钟阅读量可以达到200字。当然，这些数值都只是粗略估算的近似值，但只要合理应用也可作为有效的参考指标。

随着对阅读科学的进一步了解，我们不再执着于速读，而是应该优先发展从5岁到15岁各阶段学生的流利阅读能力。

阅读中的眼球运动研究

我们对阅读科学了解得越多，就越能够打破与阅读有关的错误理解和不切实际的幻想，并掌握更多的知识，了解在各个不同的学习阶段如何更好地教育学生。关于阅读科学的每一个洞察，都将提供切实可行的提示，在学生没能成功阅读的时候，帮助我们更好地诊断和发现，也可以引导我们了解，我们能够或者不能够对学生的阅读施加什么影响。

我们不妨暂时回顾前文的内容，它们或许对我们的综合阅读能力构成了极大的负担。你是否自信地认为自己已经融合了全部的信息，并充分理解了其含义？我们不妨反思一下，你真正读懂了哪些文字？而哪些文字仅仅是水过鸭背、不求甚解？你能自信地向朋友们解释什么叫作“诵读流畅性”吗？你是否认为，自己对每个字给予了同等的关注度？

人们在阅读时眼球运动的相关证据的历史，可追溯至一个多世纪以前。在1908年，埃德蒙·休伊（Edmund Huey）开发了一种设备，可以追踪阅读过程中的眼睛运动，这也挑战了人们长久以来信奉的与阅读相关的另一个神话，即人们阅读的过程并不如想象般那样流畅。

一个成熟的读者表现出来的平稳和流畅，不过是一个假象，对眼球运动的观察将揭开其面纱。在阅读时，我们的眼球会做出非常快速的跳跃性的动作——这也被称为眼跳或跳阅（saccades），持续时长为20—40毫秒，有时候，也会在个别单词和字母上短暂停顿，即所谓的定看（fixation），持续时长约为200—250毫秒。再次套用常见的驾驶术语，在描述阅读时的眼球运动时，人们阅读的过程，就好像一个新手司机第一次开车上路，整体平稳但中间会反复出现结巴和停顿。

此外，每阅读7—8个字母，眼球就会出现一次跳阅现象，比较奇怪的是，在这段极短的时间里，我们的视觉实际上受到了抑制。因此，我们阅读的实际过程和节奏可能与想象中完全不同。在放慢速度的情况下，我们阅读下面这句话的过程应为：

我们在阅读书籍时，眼球运动的方式，可能会令许多人感到吃惊，但需要证据支撑。

所以，对于刚刚接触阅读的幼儿读者，或存在阅读障碍的年龄更大的青少年，他们的阅读速度往往更慢，且相较于优秀的读者，可能存在更多的定看现象。因为他们需要费力地将字母拼凑成声音，然后试图识别整个单词、短语和句子的含义。对于年幼的读者而言，句子的结构越复杂，定看发生得就越频繁。此外，他们还可能更频繁地跳回去阅读对他们而言难以理解的词汇，这也被称为“回顾”（regression）。读者的阅读能力越弱，回顾发生的频次就越高。

阅读过程中的眼球运动研究，能够帮助我们从微观层面描述上一节内容所述的流畅性方面存在的障碍。如果你坐在一个存在阅读障碍的学生旁边，就会发现这种跳跃的、不流畅的阅读过程变得更为明显。除了从他们缓慢的、充满了停顿的诵读节奏中听出问题，借助非常专业的眼球追踪设备，我们还可以从学生的眼球运动中看出问题。

我们都知道，眼球运动的暂停并不是造成阅读困难的原因，相反，它们是表明学生在阅读方面存在障碍的证据。一般来说，阅读过程中的定看问题，在8岁到10岁时会得到极大的改善，在11岁左右达到成年人的水平。因为随着阅读量和阅读训练的增加，孩子们在阅读过程中定看频次会减少、跳阅的长度增加，并且出现更少的回顾现象。然而，即便是熟练的成年读者，在阅读低频、难懂单词的时候，仍需要花费更多的时间，且在阅读复杂的句子的结构时，也会出现更多的回顾现象。

在所谓的“自学机制”（self-teaching mechanism）启动时，阅读过程中的眼球运动会变得更加顺畅。所谓的自学机制，指的是学生能够利用积累的读词技巧，读出和理解新词汇，不需要外界的辅助。经过针对性的练习、阅读速度和阅读技巧的迅速提高，单词的识别可以近乎瞬时完成，而熟练、专业的阅读者往往还能够跳过一些功能词，专注于理解句子中的名词和动词，同时保证对阅读内容的正确理解。

读得越多，识别单词的能力就越强，阅读时眼球的运动似乎也将变得更自然，这是因为字母的组合和模式变得更容易辨识。类似“值得反复商榷的”（recontestable）这类长词，即使我们在阅读时不能立即掌握其含义，也可以快速处理其结构，但类似“izbqatstcoenr”这样毫无拼写规律的词，可能会让我们停下来反复琢磨。阅读成为了一个快速识别模式的过程，并且在很大程度上能够通过反复的强化练习来提升速度。简而言之，我们先将单词中的字母分块理解，然后将单词组合成常见短语理解，并采用类似的方法处理句子。

请尝试阅读并理解下面这段选自历史课程的文字：

工业革命是英国历史上的一个开创性时刻。这一时期，横跨了18—19世纪，标志着英国从农业、农村社会向工业和城市社会的转变。

现在，请更仔细地考虑一下你是如何阅读这段短文的，这段短文也是英国普通中等教育证书（GCSE）的信息文本的典型示范。一旦我们的学生能够对单个单词进行解码，那么成为一个流利的读者，就意味着他们会转变为流畅地阅读短语，并带上适当的强调。重新审视这段话，在你看来，“自然”阅读会强调哪些短语？你标注的短语是否与下面的标注类似呢？

工业革命是英国历史上的一个开创性时刻。这一时期，横跨了18—19世纪，标志着英国从农业、农村社会向工业和城市社会的转变。

“自然”阅读强调的语块，通常是指句子中的重要名词和动词。英语中很多的名词都是以可识别的对子或短语的形式出现的，如前文中的“工业革命”和“英国”。学校教授的许多其他科目中，也经常出现复合名词的身影。例如，在艺术学科中，学生需要理解和使用“抽象表现主义”等词汇；在科学领域，“过渡金属”和“离子键”也是常见的复合名词。不仅如此，日常使用的许多谚语和成语，也为我们提供了可识别的短语，如“和平与安静”（这些也被称为“成对词”）。通过阅读练习，这些复合词汇变得更容易识别。对大多数学生来说，阅读很快就会成为一个听起来更自然、看起来更顺畅的过程。

教师需要密切关注学生阅读的过程

那么，教师可以做什么？

我们是否针对有困难的阅读者提供了相应的眼球运动训练？嗯，没有，因为不存在快速解决阅读障碍的眼球运动练习，可以确保学生实现更流畅的阅读。对教师来说，唯一的解决之道，是通过适当的指导和大量的阅读，为学生提供丰富的阅读经验，同时注意密切观察，在学生没有表现出常规的阅读能力或技能时，第一时间发现问题。我们可以帮助学生标注出所读的每篇文章包含哪些重要的语块，通过鼓励学生将单词组合成短语，并在朗读时通过明确的节奏和重读，表现出对前述语块的强调，从而培养更流畅的诵读能力。当然，学生需要大量地练习朗读。

此外，在学生努力解决缓慢的、障碍重重的阅读问题，克服阅读带来的挫折感时，教师需要培养学生的积极性。通过在课堂上给学生诵读不同类型的文本，教师可以引入新的、难以理解的词汇和语言，同时展示一个更成熟的阅读者，以轻松的方式阅读时采取了哪些策略。最重要的是，教师需要培养学生自主阅读的驱动力，鼓励学生拓展阅读的边界及难度，而在精读一篇文章时，教师需要注意复杂的指导及要求有可能提升所选文章的阅读或诵读难度。

以我儿子诺亚为例，在他7岁的时候，正是因为培养了他对《追击怪兽》（*Beast Quest*）系列的痴迷，才给了他持续阅读的动力，使他的阅读流畅度和技能迅速提升。这个（几乎无止境的）幻想系列让阅读新手痴迷：每本书的叙事结构都是一致的（熟悉的英雄和恶棍），加上经常循环使用的句子和短语（“只要我的血管中还流动着热血！”每次看到这个句子，我们父子俩都心潮澎湃）。虽然故事和文本的结构十分熟悉，但相对复杂的词汇和句子结构，为诺亚这个小阅读者提供了理想的“黄金难度挑战”。《追击怪兽》的系列帮助诺亚战胜了阅读这个小怪兽，开始掌握独立阅读的重要技能。

对于我10岁的女儿弗莱亚来说，她在面对多种阅读挑战时，明智地将阅读《哈利·波特》（*Harry Potter*）和斯伯恩出版社（Usborne）的《关于……的100件事》（*100 Things to Know About*）系列等非小说读物，以及《叛逆女孩》（*Rebel Girls*）等文学作品结合起来，保持了阅读的积极性。在这些信息类文本中，有各种专业词汇和不同的文本结构（图表和图形），这为她的阅读发展提供了必要的“黄金难度挑战”。

而对于存在阅读障碍的青少年学生来说，在阅读过程中经历的诸多失败很容易使他们丧失阅读的兴趣与动力。课堂上的每一次失利，都会粉碎以阅读为乐的美好想法。一个恶性循环随之而来：阅读被认为是令人沮丧和无聊的——导致逃避阅读的训练——陷入更多沮丧和失败的阅读困境。鉴于中学阶段最大的挑战是学术阅读，存在阅读障碍的青少年学生更有可能遭遇学业的失败。

我们应该问一些简单而又重要的问题：对于2年级、5年级和9年级的学生而言，“略有挑战但难度适当的”图书或文本应该是什么？我们应该如何在关注学生阅读能力发展的细节的同时，适当地调整文本的难易程度？

无论我们是希望精进学生阅读技能的教师，还是希望加强孩子阅读意愿的家长，我们都需要掌握有关阅读的基础知识，意识到孩子可能存在的阅读障碍以及我们必须提供哪些支持。

本章内容概述

- 阅读科学深陷长达一个多世纪的辩论和争论的困扰之中，这也被称为“阅读战争”。争论的焦点是语音拼读法作为一种早期阅读方法是否有效。尽管对于一些阅读能力高于平均水平的儿童来说语音教学或许不是那么重要，但研究证明，语音训练有助于提升儿童的综合阅读技能。
- 诵读的流畅性是成功阅读的基础，但它不仅仅是指快速阅读（事实上，“速读”是一个错误的概念）。阅读者的眼球运动会随着学习阅读的过程而改善，阅读流畅度同时得到提升。有些学生可能需要明确的指导，才能提升他们流畅阅读的能力。
- 在保持学生的阅读动力的同时，教师需要关注像单词阅读和阅读流畅度这样的基础过程。为学生选择合适的阅读内容，可以培养学生的阅读能力，提升诵读的流畅性，从而进一步增强阅读的意愿和动力。
- “摩西在方舟上带了多少动物？”这个问题本身是错误的！诺亚才是方舟的所有者。这个小错误被命名为“摩西幻觉”（Moses illusion），它揭示了人们是如何被心理层面的捷径所困扰，忽视事实错误，盲目地追求阅读的速度而非质量。如果我们仅追求阅读的速度，这将会降低对文本的理解程度，最终导致我们并不是在阅读，而只是在浏览。

第四章 追求理解的阅读

教师拥有引领学生通过阅读探索世界，实现个人发展的特权，无论你所选的文本是小说还是一系列的信息类文章，无论你是带着6年级的学生阅读关于汤姆在19世纪午夜花园冒险的文章，还是在A级地理课堂上阅读关于新西兰地震的文章，每个学生都需要构建自己的文字世界和背景知识，来帮助他们理解文本呈现的世界。

人类对理解力的这种追求，从出生时就开始了。在父母或照顾者的怀抱中，孩子看着一本图画书，开始形成他们对交流知识和书籍的理解。年幼的孩子指着图画书中的图像，事实上构建了他们在日后处理地理课本中图表信息的重要基础，哪怕在成年人眼中二者没有实际关联。如果孩子在成长早期没有足够的共同阅读及对话的经验，没有对故事的丰富理解，那么可能会使其自身的阅读能力远远落后于同龄人，并影响教师的阅读教学成效。

每一次关于书本内容的对话，伴随着每一个问题和对话的回合，孩子们发展了自身的听力理解和语言表达的能力，所有这些都为后期的阅读理解打下了基础。如果缺乏了早期这些丰富的语言体验，后续阅读发展阶段的差距必然会出现。

因此，阅读理解能力的精妙发展，事实上需要囊括更广泛的谈话和聆听经验。为此，教师也应该在课堂上积极提倡口头语言能力的发展，因为教师和学生之间的每一次对话和互动，都能够让白纸黑字的内容变得生动，使其得到更好的理解。这就是为何阅读，以及关于阅读的讨论，应该成为日常教学的重要内容，并发挥着基础性的作用。

为了简明扼要地描述阅读能力的发展过程（但同时避免过度简化阅读的复杂性），我将在下文中分享一些案例，帮助大家更好地理解和掌握阅读理解的复杂性。

英国伟大的诗人约翰·弥尔顿在年老失明后，便让自己的两个孙女儿为自己阅读希腊和拉丁的经典著作。尽管弥尔顿自己不能亲眼看到纸面上的文字，但通过聆听他就能够理解文本的深刻含义。这个故事也也令我们想起，阅读最初是以口头表达的形式（诵读）出现的，复杂的阅读行依赖不同阅读技能之间的整合以实现一个微妙的平衡。此外，它还让我们意识到，家庭（支持）背景及环境对塑造成功的阅读者方面发挥的重要作用。

那么，我们在什么情况下会发现，在课堂上，学生在阅读词汇和对所读文本深刻、有意义的理解之间，存在显著的差距呢？对于我来说，是一个充满了困惑的年轻学生提问“为什么华兹华斯要专门为水仙花写一首诗？”的时候。这个问题让我意识到虽然学生能流利地朗读华兹华斯的诗，但他们并没有理解诗中的类比、典故、以及浪漫主义象征与思想。

将所读的东西，与自身储备的大量词汇、语言模式和文本结构等背景知识构建联系和整合的阅读行为，可以在一瞬间发生和完成。对于十分了解华兹华斯的专家来说，仅仅提到水仙花，就会触发大量的且令人愉快的联系和洞察。因此，阅读理解可能被证明是信息含量巨大的、丰富的，因此也非常难以确定和评估。我们只能"观察上述理解力的间接症状"。但在课堂上，当学生存在阅读理解方面的问题时，我们能够更容易观察到。尽管我尝试了各种教学方法，但学生困惑的表情，依然证明了我对华兹华斯《水仙花》和其他许多诗歌的教学，造成了学生在阅读理解方面的困难。

那么，在学生缺乏有效背景知识的情况下，我们如何驾驭阅读课堂？6岁或16岁的学生，分别需要了解哪些知识才能够读懂一篇难度颇高的文章？在学生缺乏足够的背景知识来读懂一篇文章时，他们需要什么工具，掌握那些技能才能解决阅读理解方面的问题？

跨越阅读障碍

跟我的儿子一起完成阅读作业的一次经历，让我充分地意识到我们与孩子们之间可能存在阅读鸿沟。在诺亚6岁的时候，老师给他布置了一份阅读理解的家庭作业：阅读格雷琴·沃夫勒（Gretchen Woefle）《风车猫卡捷》（*Katje the Windmill Cat*），这本书的背景设置在500年前。作为一个还在努力学习单词阅读，并且在一定程度上还不能流利诵读的低龄阅读者，诺亚遇到了阅读障碍。

我们一起来看看诺亚阅读的内容：

> 卡捷的生活很轻松。她和磨坊主尼科一起，住在海边的一个荷兰村庄。当尼科在他的风车上研磨谷物时，卡捷在追赶老鼠。她在梯子上和梯子之间徘徊，在装粮食的袋子后面和沾满面粉的梁上寻找。
>
> ——《风车猫卡捷》，格雷琴·沃夫勒

词汇是阅读理解的一个重要方面，仅从词汇层面考虑，你认为这段文字包含了多少个可能造成阅读理解困难的词汇？显然，类似“磨坊主”“荷兰人的”“研磨谷物”“徘徊”和“沾满面粉的梁上”等词汇是阅读的障碍，几乎瞬间削弱了诺亚想象、理解不同文化背景下陌生场景的能力。面对无数的词汇障碍，诺亚很难去理解整个故事结构及其脉络。

但在解决问题的过程中，至关重要的一点是，诺亚能够与我讨论文本、核实单词的含义、提出问题、验证自身的猜测，从而降低理解整个故事的复杂性。通过提出与故事相关的问题，我能够促进诺亚的理解，同时为他提供有用的知识，帮助他在文字和思想之间建立起理解的桥梁，帮助他在更广泛的文本结构中把句子和意义联系起来。我们可以超越纯粹的词汇知识，梳理他对故事的理解，并掌握更多的背景信息、知识。事实证明，这样的支持对诺亚非常有用，同时激发了他阅读的动力和兴趣。

由此我们应该考虑的问题是：在给所有的学生布置这样的家庭作业时，学生可能会在具体的哪个部分出现阅读鸿沟？什么样的课堂交流与对话能够激发学生主动阅读富有挑战性文章的意愿及积极性？

在这一次的家庭作业辅导中，我注意到诺亚独立运用了一些有益的阅读理解策略，比如重读课文中的问题，并在他认为重要的单词和短语上画线。我问他是否有人教他使用画线策略，但他表示这是他自己的想法。虽然我对他的独创性断言保持谨慎态度，但这些阅读策略还是有效且值得肯定。放到更广的层面来说，作为教师，我们可以有意识地让学生关注到这些重要的理解策略，在课堂上设置练习，模拟应用这些策略，提升学生的阅读理解能力，帮助学生在缺乏相关背景知识的情况下（这是大多数课堂普遍存在的挑战）理解所阅读的内容，增加对世界的了解，将他们在阅读《风车猫卡捷》等高难度的文章时遇到的障碍转化为探索更广阔、多元世界的好奇心与兴趣。

为阅读内容构建一个“心理模型”

在阅读时，我们致力于理解所读的内容，无论是以风车为背景的叙述性场景，还是英国中等教育资格考试的物理科目中所涉及的能量相关的信息类文本，我们都致力于为所读的文本构建一个连贯的“心理模型”。也就是说，我们在解释一个科学过程的时候，致力于将一个场景的图像或逻辑顺序拼凑起来。

小学阶段的学生，如何才能够最有效地建立这些心理模型，理解身边的世界和所读的东西？

显而易见的是，不管需要理解的内容是什么，长期、有意识地积累阅读背景知识对提升学生综合阅读技能至关重要。在前文的阅读作业案例中，诺亚对荷兰的风车了解得越多，就越容易想象出相关的叙述场景，并理解“磨坊主”和“荷兰人的”等词汇。毫无疑问，背景知识的积累与词汇知识积累密切相关，所以增加词汇量也被证明是提升阅读理解能力的重要指标。

此外，诺亚还需要充分了解语言和故事的叙述惯例，例如典型的叙事逻辑和文本结构。因此，了解故事开头的套路，将帮助诺亚确定《风车猫卡捷》的故事将从哪里开始，又可能在哪里结束。此外，掌握句子的结构——词汇和思想在句子内和句子之间的联结点——对诺亚构建一个故事的心理模型也很重要。毋庸置疑的是，在阅读的过程中，利用广泛的背景知识辅助理解是必要的。

有许多耳熟能详的例子可以证明，我们有多么依赖背景知识来帮助理解所读的内容。不管是棒球还是精美的折纸艺术，我们总是能够选择一些晦涩难懂的话题，哪怕是有着最丰富的阅读经验的成年读者都难以理解。然而，我们已经在不同学科的考试中看到了文本对学生阅读理解能力的要求。英国国家考试局（AQA）的普通中等教育证书的物理学科考试中，给出了以下公式的表述：

携带电流的导体（与磁场成直角）所受的力=磁通密度×电流×长度。

如果你不是物理学专家，那么在阅读这个公式时，可能会像弥尔顿的孙女们那样，尽管你可以读出每个单词，但你并不能理解这个公式表达的原理。除非你掌握了普通中等教育证书要求的物理学常识，否则你几乎无法理解这段话。

尤其是高年级的学生，他们面临的一个独特挑战，就是需要大量的背景知识，才能够读懂不同学科的学术文本。当然，学校教育可能会要求学生在还没有掌握必要背景知识的情况下，开始大量地阅读学术文本，这听起来就好像是“第22条军规”（相互矛盾的悖论式困境）。

当然，学生可以选择看一部戏剧电影，或大卫·爱登堡（David Attenborough）拍摄的纪录片，帮助他们在阅读特定的文本之前，建立相关的背景知识，但这仍然不能提供理解复杂的语言结构所需的必要知识，因为学术性文本的书面性语言，往往比电影媒体使用的偏口语表述更复杂。而为了使课程易于理解，教师会主动为学生简化相关的语言和概念，如在页数繁多的幻灯片上，提供容易理解的概要信息，但这种做法，反而制约学生阅读扩展类文本、复杂学术文本，而这是成长为一个阅读专家必须经历的训练。

教师不可能做到在准确的时间，按照准确的顺序，提供所有必需的背景知识，这就意味着，谨慎合理地安排课程中相关知识的传授顺序是一项有意义的工作。但考虑到阅读任务的庞大规模，教师按照正确的顺序教授每一项必要的背景知识的能力，存在显而易见的局限性。因此，每个学生都需要明智的指导，学会如何有策略地阅读，以便在缺乏现成背景知识的情况下，也能够积累新知识。

我们可以从孩子在课堂上一些细节性的操作中，例如诺亚停下来画出关键词和短语的做法，看到学生在发展不断增长的背景知识的同时，教他有策略地阅读的价值和必要性。

推理的重要性

请思考你对以下词语和习语（语言中的习惯用法）的了解：

- 工资（salary）
- 有价值的/值得尊敬的（worth one's salt）
- 灭顶之灾（decimation）
- 骰子已掷下/木已成舟（the die is cast）
- 12月（December）

你能从这些词和成语中产生多少个想法和推论，或有凭有据的猜测？你将如何把它们联系起来，并将它们组织在一起？

你可能已经把“工资”和“有价值的”这两个词搭配在一起，因为它们都与金钱和值得拥有的报酬或财富有关。如果进一步深入研究这两个词的词源（词的历史），还可以增加一些不同层次知识的推断。例如“工资”这个词源于拉丁文的“salarium”——或报酬，此外，因为盐是非常宝贵的资源，罗马士兵经常花钱买盐，因此，“有价值的”这个习语与薪水的关系，可能比我们想象的要密切。

同样地，我们可以推断出“灭顶之灾”（decimation）和“12月”（December）之间的联系，因为两者都包含相同的前缀，即来自拉丁语的“decem”，意思是“十”；而“12月”（December）在罗马日历中表示第十个月。“大批杀害”（decimate）一词有着可怕的历史背景，因为它可能源于对叛变或不服从命令的罗马士兵的惩罚，十分之一的人会因为抽签结果而杀死，以示警告。而要探究“木已成舟”（the die is cast）这一习语的意义，则需要了解罗马的历史。据说，恺撒大帝在带领军队渡过意大利的卢比肯河时说："骰子已掷下"，意味着此刻做出了没有退路的决定。

随着对这些词和成语的深入了解，你可以在它们之间做出更多的推断和联系。它们被证明是意义拼图中的重要部分，可以在课堂上拼凑出文本的完整画面。在这个例子中，它们共同的罗马和拉丁语词源参考提供了一个令人难忘的框架，帮助学生对正在阅读的内容建立一个丰富的心理模型。事实上，在考虑如何为学生设定一个覆盖了广泛的、丰富的阅读经验的课程体系时，我们可以从阅读选择开始，即在微观层面上建立学生对世界及其历史认识的心理模型。

从单词、短语和修辞手法中做出多种推论的能力，也是成功读者的一个标志因素。在KS2（3—6年级）的国家课程大纲的阅读试卷中，明确规定了对词汇相关的评分标准，词汇的相关考查在2018年的试卷中占比高达70%的比例，在2019年约占50%。我们知道，在阅读理解方面存在困难的学生，往往表现出习语和比喻性表达方面知识的匮乏，如隐喻和夸张等，因此他们很难在阅读中做出推断。

艾瑞克·唐纳德·赫希（E. D. Hirsch, Jr.）简明扼要地阐述了根据所读的内容进行推断的挑战：**"为了理解书中的文字，我们必须知道许多没有写在书中的信息。"**

在带领学生阅读信息丰富的文本时，教师可以通过探索一个单词的不同意义层次，从最简单的意义层面引导学生建立推理模型。英语中约80%的单词都是多义词，也就是说一个单词可能包含多种含义。因此，对给定的单词、短语或成语等进行多种可能的推论，并不是什么可有可无的附加阅读技能，而是取得学业成功的一个基本技能。提出相关问题、进行预测、战略性地将背景知识与文本联系起来，都将为合理的推理服务。

而不同学科领域中使用的语言的变化，也增加了试图对不同学术主题文章的内容进行合理推断的难度和挑战。例如，就词汇而言，科学领域中的“解决方案”与历史学科中的“解决之道”尽管使用了同一个英文单词，但其含义可能截然不同。艺术或纺织品中的“渗色”（bleeding）与英国悲剧文学作品中的“血流不止”（bleeding）显然有着不同的含义。这些词汇的拼图，会在学生身上微妙地改变形状，最终抑制学生拼凑出阅读理解整体画面的能力。

为此，推理或推断能力本质上也是指“知”——背景知识、词汇知识、体裁知识和语言知识的丰富组合——与“行”——激活前述知识、质疑知识的储备、认识到知识储备方面的鸿沟，并最终将所有有效的背景知识整合为一个全面理解的整体的结合过程。

我们可以继续将阅读过程比喻为一个制作拼图的过程，并拓展理解，将自身对词汇、体裁和主题的了解视为拼图的碎片，然后将理解文本的过程，比喻为积极主动地拼凑拼图的过程。在学术领域我们在思考和阅读时进行的这种有意识的监测和控制可以被称为“元认知”。元认知描述了我们在阅读时大脑中发生的关键思维过程：质疑、构建心理模型、发现不知道的地方。当然，认知是形成元认知的前提，即没有储备的知识，就不会产生元认知。在没有储备知识和元认知的情况下，无论你能够多么熟练地连接所有的碎片，都不会得到一个完整的拼图。

那些表现出更强元认知能力的学生——能够规划阅读过程、在阅读过程中监测自身理解、实时更新个人信息库、质疑自己不知道的东西的学生，在接触更复杂的文本和挑战性任务，如回答一系列的阅读理解层面的问题时，能够展现出更强的能力。

教师可以依据学生的年龄，猜测他们在阅读方面的相关经验，预测学生背景知识拼图中的许多潜在缺口（尽管不是所有学生都适用）。学校的课程设置也可以谨慎地尝试以有意义的顺序，循序渐进地帮助学生累积所需的知识。例如，在计算机领域，我们可以先教授什么是“算法”，然后再教授学生解决分体和“分解”的方法，以理解这些复杂的算法。不断累积的概念能够让学生在更广泛的计算机科学领域中建立更有意义的心理模型，从而实现深度理解。

然而，不管我们的教学计划做得多么完美，在学生缺乏相关的基础知识时，教师需要时刻为学生的阅读提供支持，帮助学生做出初步的推断和反应。然而，教师通常遭遇的问题是，我们已经教授了必要的前期知识，但学生却没学会！不仅如此，有时候学生已经“知道”了一个事实或一个词汇，但却无法激活相关联想，无法做出必要的推断，不能将相关的词汇与想法关联起来。

每个学生个体身上存在的阅读能力问题是完全无法预测的。因为阅读能力或水平的高低，取决于学生个人知道多少，以及掌握了多少阅读的策略，而不仅仅是掌握了多少背景知识。学生的阅读理解能力的高低，往往只有在长期的课堂交流和互动中才能体现，简短的国家课程大纲考试揭示的信息实在是远远不够。

格雷厄姆·纳托尔（Graham Nuttall）在关于“学习者的隐秘生活”的开创性研究中，对课堂上数千小时的学习进行了录像。他发现，学生可能已经掌握了所教内容的40%—50%。问题是，每个学生掌握的基础知识程度不同。因此，我们永远不能默认所有的学生都能“完全”理解同一篇文章。因此，在阅读过程中明确地要求和引导学生进行推论，如在阅读时对文本或小说中的作者提出明确的质疑，应该成为每个课堂的基本做法。

设计一个衔接有序、难度递增型的课程安排，以大量信息丰富的阅读和关于阅读的讨论为核心，对构建学生的基础知识而言至关重要。精心设计的词汇教学，可以帮助学生开展推理过程，从而实现更好的理解。同时我们需要鼓励学生，在没有教师引导的情况下留意单词和它们的多种含义和联系（这是一种被称为“单词意识”的元认知）。课堂上的提问可以引出学生对他们所读内容的认识和理解，因此也是必不可少的操作。教师可以让学生写下他们阅读了哪些内容，阐述和反思他们的想法，不断更新他们对阅读内容的理解。

在阅读的过程中，教授、示范和指导推理过程，是很重要的，比如在课堂对话中，提出精确的问题，或讨论文本中的不同意义层次。因此，了解在阅读过程中可能产生的不同类型的推理，对每个学科的教师都很有帮助。

下表呈现了一些推理类型，它们能为我们在阅读文本时提供引导。

推论的类型	定义	示例
局部推论（L）	在句子和段落之间建立连贯的联系。有时句子之间的联系是明确的，而在其他情况下，这些联系被隐藏起来。在这个例子中，读者会意识到童话故事是如何被引用的，但达尔又是如何玩世不恭地拒绝这种类型的参考	“在童话故事中，女巫总是穿着傻乎乎的黑色袍子，带着黑色帽子，骑着扫把游荡，但这并不是一个童话故事。” ——《女巫》，罗尔德·达尔

续表

推论的类型	定义	示例
全局推论（G）	在整个文本的主要主题或观点之间建立更广泛的联系。在这个例子中，读者会综合考虑达尔文的生活如何超越了普通人的范畴，并被证明对科学研究具有开创性	查尔斯·达尔文的传记，重点介绍他的物竞天择理论和他对生物学领域的重要贡献
内聚推论（C）	“填补空白”和保持句子之间的连贯性，如注意作为“内聚纽带”和句子之间桥梁的词汇（类似于局部推论）。在这个例子中，读者会在两个句子中比较和对比纸张的质量，用“虽然”来关联两个句子	纸张是一种物美价廉、轻薄便携的材料。虽然它容易受潮且脆弱易碎
外展推论（EI）	给文本带来丰富的信息补充，以增加文本的意义，取得更广泛的一致理解。在这个例子中，读者会利用他们的政治和历史知识来判断美国	“美国从不无辜。” ——《美国小报》，詹姆斯·埃尔罗伊
预测推论（P）	在文本中预测下文，并做出适当预测的能力。在这个例子中，读者会认为有一些超自然的现象可能会出现在杜斯利家或“普里维特路4号”的其他居民身上	“住在普里维特路四号的杜斯利夫妇可以自豪地说，他们是完全正常的，非常感谢。” ——《哈利·波特与魔法石》，J. K. 罗琳
评估性推论（EV）	在文本中回顾并得出结论和评价的能力。在这个例子中，学生可能会在没有教师提示的情况下，通过与他们所知道的其他宗教进行比较，来整理他们对印度教的理解	在宗教教育中阅读了有关印度教的内容后，学生可以将其与他们了解的基督教的知识进行比较

为了更具体地说明这一点，不妨回顾你刚刚读过的东西（无论是手机上电子阅读的内容，还是从书架拿下来的纸质图书的内容），回想一下，你从所读的一段或多段文字的某一个段落中，做出了哪些推论，是局部推论（L）、全局推论（G）、内聚推论（C）、外展推论（EI）、预测推论（P）还是评估性推论（EV），并给不同类型的推论打上相应的标签。显而易见的是，所有的阅读都是一个高度积极主动的过程，就好像我们的眼球持续运动，目光不断地寻求文字之间的连贯性，并构建文本的心理模型。

阅读不是被动的、静态的、单纯地接受信息的行为。作者通过文字传达的信息和内容固然很重要，但对于所读和所理解的内容来说，读者给文本带来了什么也同样关键。好的读者，必然是意义的创造者，而不仅仅是被动的接受者。

对于每个教师而言，这个过程在很大程度上是下意识的、不言而喻的，并且能够快速而专业地完成。然而，如果我们能够在课堂上更明确地向学生强调阅读专家需要具备的思维，明确地点出那些没有白纸黑字写下来的重要知识，就能够更好地指导学生，取得阅读的成功。

当教师能够更具体地了解不同类型的推论时，就可以更好地提出有针对性的问题，向学生示范并鼓励他们实现成功的阅读理解。我们还可以更好地设置一个循序渐进的、累积性的课程，让学生能够将所有的信息拼图连接在一起。鉴于我们已经预判到最完美的教学计划也可能遭遇滑铁卢，就可以预先从阅读策略的培养着手，弥合不同学生在阅读理解方面存在的巨大差距。

请思考哪些类型的推论通常会在阅读行为之前、期间或之后产生，会很有帮助。例如，预测推论（P）通常发生在阅读文本之前（尽管随着阅读的推进，我们可能会不断地更新或调整预测推论），而内聚推论（C）和外展推论（EI）则通常发生在阅读进行的过程之中，评估性推论（EV）通常在完成文本阅读后发生。尽管推论视角将复杂的阅读过程简单化，但这也是思考课堂阅读教学的一个有用视角。

即便没有使用任何类型的推论方法，教师也可以经常在课堂上就所读的文本提问。然而，如果在阅读过程中，教师在课堂上的提问能够更精确和有针对性，并同时提供了我们希望学生可以利用的知识，就能够确保学生更好地理解教材上的文本，取得学业的成功。

以2017年针对3—6年级学生的阅读测试文本的开头段落为例，其标题是《畅游英吉利海峡》：

> 1875年8月，在一个大雾弥漫的下午，一个孤独的游泳者，从多佛尔的海军司令部码头跳入英吉利海峡寒冷的海水中。将近22个小时后，这个筋疲力尽的人，踉踉跄跄地踏上了法国加来的土地，并立即成为一名英雄。马修·韦伯（Matthew Webb）船长也成为了第一个游过英吉利海峡的人。

时年27岁的韦伯，是一名来自英国什罗普郡的商船水手。他一直都是个游泳健将，在听说J. B. 汤普森在1872年试图游过英吉利海峡时遭遇失败后，他受到了启发，辞去了工作，开始接受长距离的游泳训练。因为天气恶劣，韦伯的第一次尝试半途而废，但两周后，他再次回到了英吉利海峡冰冷的水中。

在阅读开头段落时，我们会迅速地做出局部推论（L），比如假设开篇提到的"孤独的游泳者"就是下面一句中提到的"筋疲力尽的人"。这段文字在开篇的最后，才提到了这个人的名字是马修·韦伯（或许是为了达到叙事的戏剧性效果）。然而对于一些学生来说，他们需要非常努力，才能将英吉利海峡的场景，从多佛尔的码头关联到法国加来的土地，建立所有必要的联系，然后才能合理地回答理解层面的诸多问题。

在测试学生理解程度的问题中，学生必须检索出哪些词汇暗示了韦伯船长疲惫的状态，并说明是什么激发了他的英雄壮举。此外，还有许多问题和推论可以在学生的头脑中触发，促使学生形成关于整个文本的完整心理模型，例如：

- 开篇提到的"孤独的游泳者"是谁？［局部推论（L）/内聚推论（C）］
- 关于穿越英吉利海峡的挑战，我们了解了什么信息？［全局推论（G）/外展推论（EI）］
- 你认为是什么激发了韦伯船长的壮举？［外展推论（EI）/评估性推论（EV）］

在每个层次的理解中，我们都会寻找具体的信息，但也会积极预测和阐述正在阅读的内容。这样的问题，由教师示范，向学生提出，师生之间开展讨论和辩论。通过阅读、聆听、交谈、提问和建立我们对文本和世界的模型，我们将书中的文字，与艾瑞克·唐纳德·赫希描述的"没有写在书中的信息"联系起来。

在阅读文本时，读者产生的情感和心理反应当然很重要，对韦伯船长这样现实生活中存在的人物角色的"读者反应"，将与读者本身掌握的地理、历史和英语知识巧妙地融合在一起，建立起丰富的心理模型，并帮助读者理解所读的内容。在每个教室里每天都需要进行的阅读活动中，这种读者反应成为弥合理解鸿沟的桥梁。

很多学生需要教师大量的细心指导和支持，才能弥合自身理解与文本内容方面的鸿沟，他们就学不到任何东西。因此，每一个负责任的教师，都应该致力于确保每个学生都能够成长为一个有知识积累、掌握阅读技能的阅读者。

建造桥梁，埋葬死者

首先，让我们阅读一个简单的段落，然后回答一个问题：

> 有一趟旅游航班，从维也纳飞往巴塞罗那，但在航程的最后一段，发动机出现了故障。飞机在比利牛斯山脉上空开始失控，并最终坠毁在边境上。飞机的残骸散落在法国和西班牙境内。两国的官员正在讨论应该将幸存者安葬在何处。
>
> ——《异常检测的案例研究：浅层语义处理和凝聚力的建立》，巴顿、桑德福德

阅读后要回答的问题是：官员们应该将幸存者安葬在何处？

你会选择哪个国家？法国还是西班牙？也许你放慢了速度思考，希望做出更深思熟虑的回答。但是，再读一遍最后一句话，你会恍然大悟：

一个幸存者怎么可能被安葬？我们只会安葬逝者。

这个问题，基于巴顿和桑德福德对大多数人都很容易出现的阅读故障的研究，即被他们称为“异常检测”的东西。他们的研究再次表明，人们的思维和阅读都是有缺陷的，并且容易出现很严重的理解偏差和错误。

就像第三章提到的“摩西幻觉”一样，这些研究揭示了即使是成人阅读专家也无法准确理解我们所阅读的一切。这不仅仅是一个有趣的噱头，它也证明，阅读理解需要仔细、努力地关注正在阅读的内容，这样我们才能为所读的文本建立一个完整的心理模型。

这也说明了教师为何会遭遇一个典型的困境，即教师确信自己在周一时，很好地教会了学生X，但是到了周四，学生表现得好像从来没有学过X，因为关于X的信息根本不存在于学生的脑海中！这就是让教师苦恼的地方。

还记得我的儿子在阅读《风车猫卡捷》时遇到的困难吗？他很认真地在文本中所有重要单词和短语下画线，以确保脑子能够牢牢地记住这些词。正是这样的战略阅读行动，作为元认知的一部分（即反思我们的思考），我们更具体地将之称为“理解性监测”，准确地描述了人们在寻求理解，并意识到我们不知道，或不了解情况时，应该秉持的谨慎、有意识、有目的的阅读方式。当学生阅读科学文本并意识到自己遇到了理解障碍时，他们就是在进行理解性监测。

事实上，我们在阅读时会下意识地进行理解性监测。事实上，此时此刻，你就在做这件事。这是一个熟练的阅读者在阅读过程中进行不断检查自己理解的过程，无须刻意地引导。前文“安葬幸存者”的案例即说明了我们意识到了理解性监测的存在。

对学生而言，他们可以相对容易地阅读和理解一个简单句，如“猫在垫子上跳跃”，但如果我们换掉主语，变成“花瓶在垫子上跳跃”，可能就会触发学生的理解性监测，让他们意识到这个句子好像“不太正常”。但如果所读的文本是一个童话故事，如《美女与野兽》，那么学生也可以基于对童话故事这一特殊体裁的知识，推断出这个句子是一个可信的、恰当的描述。

这个理解性监测的过程，揭示了阅读必须是一个积极主动的过程。读者应该总是将文本中的词汇、观点、结构和语言与现有的知识储备形成对照，并在此过程中，评估、更新自己的心理模型。

阅读是扩展词汇量的重要方法，但同时，我们需要注意，如果阅读文本存在太多陌生词汇，学生可能需要花费大量时间、精力根据上下文的语境判断新词汇的含义。研究证据表明，学生对文本中未知词汇的理解，可能不到15%。在这种情况下，阅读过程中的理解性监测就会失效。

因此，教师需要明确地教授、示范理解性监测的策略，并为学生的监测和推理提供支持，这一点至关重要，也是阅读教学的核心内容。教师们可以给学生示范关键的理解性监测“减少/修复策略”，这些策略是专业阅读者为调整、更正错误理解使用的方法：

- **略读（快速阅读以了解文章的总体情况）；**
- **寻读（快速阅读以寻找具体信息）；**
- **放慢速度；**
- **重读；**
- **回读文本；**
- **检查索引、词汇表或支撑性信息；**

- **提出问题；**
- **归纳总结核心观点；**
- **关注模式及文本结构；**
- **阅读相关文本。**

这些策略对我们而言，似乎十分平常，但不要忘了，我们是阅读专家，而不是迷失在海量的新信息中，时刻有可能遇到阅读困难的阅读新手。

为此，请思考下面的问题：

- 教师是如何刻意地将阅读分块，以确保学生掌握一个熟练读者所做的阅读前、阅读中和阅读后三个阶段的技能？
- 教师是如何坚持不懈地示范和强调理解性监测的（如通过提问来激励学生的理解；或通过示范重读或回看文本以检索具体的信息）？
- 教师有多少次默认学生充分地理解了所阅读的内容？

以下是专业阅读者在积极监测阅读内容时，可能会采用的技巧（如图4.1）：

在解读阅读专家在阅读过程中的每个阶段所采取的步骤，以确保自身对文本的理解力时，教师可以更明确地为学生示范这些步骤，并与学生一起模拟分阶段的阅读过程，从做出推论和监测理解的细节中，教师也可以为学生将阅读学习这个宏观的过程拆分成可操作的小步骤进行。

这种阶段拆分的阅读方法，可以在调整后应用于小学1年级的课堂，也可以在更高年级的A级学科课堂上使用。在学术阅读课堂所付出的所有努力，最终会在学生收获学业成功中获得回报，换句话说，我们就不必再为应该在哪里埋葬幸存者这样的错误而浪费时间、精力。

阅读前：
- 提出关于文本/话题的相关问题；
- 激活相关知识储备；
- 进行阅读前预测。

阅读中：
- 通过提问相关问题，监测理解；
- 在文本内部和“整体结构”层面建立关联，做出推论；
- 为文本构建和设想一个“心理模型”；
- 更新理解并做出新的预测。

阅读后：
- 寻找文内的衔接并归纳总结文本要义；
- 回顾所做的预测并做出相应修正；
- 就文本提出更多问题，并加深理解；
- 评价自己的理解，判断对文本的理解是否符合预期设定目标。

图4.1　阅读策略：阅读前、阅读中、阅读后

改编自：卡梅隆（Cameron, S; 2009）《阅读理解策略的教学》（*Teaching reading comprehension strategies*）

带着目标和角色去阅读

“有些书只需浅尝，有些书只需吞食，只有少数书应细细咀嚼，将其消化。”

——《论读书》，弗朗西斯·培根

早在1627年弗朗西斯·培根（Francis Bacon）就提出了一个明智的观点：并非所有的阅读内容都是平等的。我们每天阅读的材料，可能是购物清单，或者当日的新闻网页，然后是一本经典小说。

阅读不同的材料时，我们可能有着不同的阅读目标、给予不同程度的注意力，甚至扮演了不同的角色。教师通常希望学生可以在课堂上专注地阅读文本，理解文本的内容，这与学生进行课外阅读的要求不同。

教师可能会要求学生每天无数次地思考、理解、记忆、关联阅读的内容，事实证明，这是一个复杂且漫长的过程。有时候，教师可能希望学生能够深入地理解一篇复杂的文章，但有时候却只要求学生略读和扫描文本的关键信息然而，对于阅读能力较差的学生而言，识别阅读的不同目标，清楚不同类型的材料应使用的阅读策略，可能是一件颇具挑战性的事情。

能否设定具体的阅读目标，有时候会影响到我们对所读内容的记忆能力。20世纪70年代开展的一项简单阅读实验表明，带着具体目标和角色的阅读，实际上将极大地改变我们的阅读记忆。在这个阅读实验中，研究人员给受试者提供一段有关两个男孩逃学并去其中一个人家里的文字。在阅读之前，研究人员给受试者们提供了一个“买房人”或“窃贼”的角色，结果证明这两个事先给定的角色影响了受试者对实际文本的记忆。两组人员都记住了不同的细节，但扮演“窃贼”的受试者记住了更多信息。关于开门的细节信息，对窃贼和对买房人的影响不同。研究人员要求受试者对调角色，并阅读了第二遍，受试者几乎是瞬间抑制了前一个角色的影响，并从新角色的角度，记住了更多有意义的信息。

那么，这个实验得出的结论，与学校里的课堂阅读教学有什么关系呢？我们的目标，当然不是要让学生都成为记忆能力超群的“窃贼”，然而学校应该考虑的是，如何仔细地设计课堂阅读教学的指令，使其具备具体的目标，有时候甚至具备不同的角色，因为这将帮助学生有效记忆所读的内容，同时加深理解。

例如，对于低年级的学生而言，在要求他们阅读关于维京人历史的文章时，教师可以鼓励学生扮演考古学家的角色，从文章中挖掘出有历史价值的观点，并进行分类和记录。对于中学阶段的学生而言，我们可以要求学生从一个历史学家的角度，全面地描述这段历史的特点，以及他们如何在叙述和调查中拼凑出不同历史年代的拼图。当然，在阅读开始之前，教师应该明确定义历史学家的工作方式：必须具备批判性；要仔细地区分信息的来源，并从维京人的历史碎片中挑出一个进行叙事，结合不同的信息来源，提供一定可信度的历史论述。

在去年的一次培训活动中，一位教师向我介绍了分配阅读目标和角色的重要性，他向我讲述了他课堂上的一件趣事。在培训开始前，他带着班上的学生一起阅读了《少年福尔摩斯》（*Young Sherlock Holmes*）。很快，他就意识到这个文本中的部分语言对大多数学生来说太有挑战性了。为了解决这个问题，他借用了“阅读侦探”的概念，并有效地给学生分配了侦探的角色，让他们在阅读故事时，注重理解力的监控，选出有难度的单词和重要信息。令人高兴的是，阅读高度复杂的文本的困难被当作有趣的挑战。学生会记录下有趣的词汇，并更加专注、谨慎地追踪小说的情节。

无论是从侦探的角度阅读探究福尔摩斯的文本，还是从历史学家的角度，阅读莎士比亚传记的片段，或者是从德语学家的角度翻译难懂的《图片报》（*BILD*）的文章，设定一个明确的目标和角色，就能帮助学生集中注意力，提升他们对理解的追求和积极性。

另一种通过分配角色使阅读成为一种更有策略性的行为的方法是“互惠阅读”法，由帕里斯卡（Parinscar）和布朗（Brown）在1984年提出。互惠阅读法是一种合作性的阅读方法。在教师的明确示范下，学生通过训练分别承担**预测者**、**提问者**、**澄清者**和**总结者**的角色（如图4.2）。

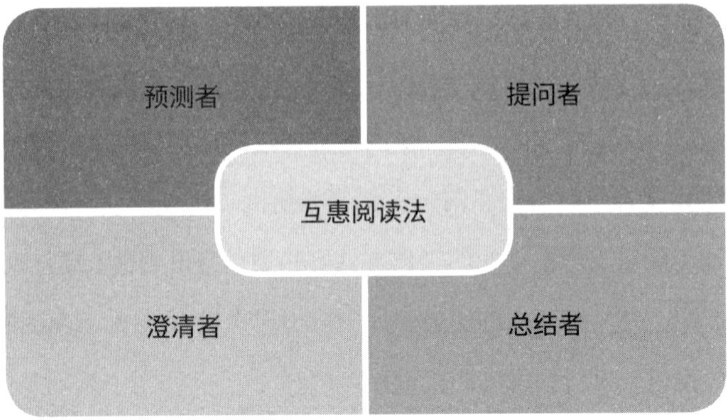

图4.2　互惠阅读法

互惠阅读法的有效性可能来自角色的分配，它使阅读的策略变得明确和清晰。角色分配也将使每个学生都能看到理解力的监测，同时可以利用学生的集体背景知识。尽管存在着集体误解的潜在危险，或者小组内成员被同伴分散注意力，但如果互惠阅读法再教师的专业指导下开展，可以带来较好的阅读教学成效，尤其对于那些被诊断为存在阅读障碍的学生而言，以小组的形式执行互惠阅读法，能够取得最显著的进步。

让我们回到前文《畅游英吉利海峡》的例子，教师可以提问学生、预测韦伯上尉可能有什么样的性格；可以澄清穿越英吉利海峡可能遭遇的地理环境和挑战；可以在韦伯跨越巨大的挑战之后，总结民众对韦伯的态度等。在这个过程中，教师将帮助学生进行推理，激活储备知识，并反复监测他们的理解力，形成逻辑关联的理解。简而言之，这个过程将为学生示范一个专业阅读者的阅读行为。

最后，我们总结一下这个关于理解力的章节的内容：

你是否为学生建立了一个有效的心理模型，帮助学生深度阅读、理解文本？作为一名教师，你是否实现了自己的阅读目标？无论你教授的科目示什么、面对的是哪个年龄段的学生，这些都是极为重要的问题。

本章内容概述

- 阅读理解是所有类型阅读的终极目标，但它的解读很复杂，我们在课堂上只能“观察到阅读理解的间接症状”。但我们可以确定，在寻求将意思连贯起来和更明确地进行阅读教学时，需要掌握大量知识和技能。
- 每次阅读时，我们都会寻求建立整个文本的“心理模型”。也就是说，我们需要做出许多联系和推理，试图将它们组织成一个连贯的整体。我们可以在“局部”层面上进行推理——有根据的猜测和与背景知识的联系——将单词和句子联系在一起，同时进行“整体”推理，将整个文本和其他内容关联起来。
- 进行推理、对文本提出疑问和建立心理模型的战略方法，被称为“理解性监测”。这种积极的、战略性的方法，可以通过在课堂上分配阅读理解的目标和角色，来明确地进行示范和教学。
- 如“互惠阅读法”等阅读教学方法，为教师提供了一个明确教授理解性监测的结构，帮助学生能够有意识地练习阅读理解的策略。

第五章

如何克服阅读障碍

教学中的一些时刻，会像橡树的年轮一样，给你留下深刻的印象。在大学的最后一年，还在犹豫是否要成为一名教师时，我在当地的一所特殊学校实习了一周。在一天之内，我体验了在学校农场剪羊毛、负责教授艺术绘画、传统数学等一系列教学任务。

对我来说，实习周最令人难忘的经历是与马修一起读书，马修已经快20岁了，但作为一个读者，他的水平更接近于小他10多岁的孩子的水平。当他的父母参观特殊学校时，学校要求我带着他一起阅读。对实际教学一无所知的我，决定坐到他的旁边，听他读文章。

快20年过去了，我依然清晰地记得马修是如何缓慢而认真地诵读，但几乎每个句子都会被字词拆分成断裂的几个部分。我当时对自己能够提供给马修什么样的支持所知甚少，但我会自然地提示马修字母的发音，有时候甚至直接读出整个单词或短语，以确保他能够继续读下去。每次与马修一起读完一页的内容，都是一个小小的胜利。尽管进展缓慢，但马修最终还是诵读了整个故事，在完成之后，马修自己激动得大叫起来。我还记得，马修完成阅读时流露出的不可思议的神情。同样，我也震惊于个体的理解力如何受限于其阅读经验。

虽然我一生中有过无数次阅读的体验，但没有任何一次像午餐前与马修共读的20分钟一样让我感受到阅读的力量。在此之前，我一直认为每个人都可以自然而然、轻松地感受到阅读带来的成就感、愉悦感。

那天，我悄悄地做出了决定自己一生轨迹的决定：我要成为一名教师，学习如何尽己所能地教会学生阅读，我不会再将阅读这种简单而深刻的快乐和力量，视为一种理所当然的存在。

每隔一段时间，我都不禁会想，马修现在是否已经离开了父母家，他现在是否能够流利地阅读，他是否拥有了自己真正理解的书。

作为教师，识别、判断马修或任何一位学生可能存在的阅读困难及挑战，给予他们专业的阅读指导与支持是我们的责任。

为什么《奇妙先生》系列启蒙绘本的难度超出想象

每一年，我们都能看到关于评论儿童图书难度的诸多头条新闻，如英国广播公司（BBC）的这一标题："绘本《贪吃先生》（*Mr Greedy*）的难度，几乎和斯坦贝克（John Steinbeck）的经典作品不相上下。"对此，评论家表示这是无稽之谈。但这些新闻标题的确指出了一些问题。英国文艺复兴组织（Renaissance UK）对大约3.3万本儿童图书进行了大规模的研究，调查运用复杂的公式对文本难度进行了计算，主要基于平均字长、单词难度和句子长度。正是这样的计算方法使《奇妙先生》（*Mr Men*）绘本故事在理解难度方面的得分高于罗尔德·达尔（Roald Dahl）创作的《了不起的狐狸爸爸》（*Fantastic Mr Fox*）。在二者的难度比较中，达尔的深刻主题和模糊的人物设置并没有被计算在内。

现在，这些可读性的衡量维度可以为文本选择提供一些有用的指导，但它们也是有缺陷的。

阅读的复杂性不仅仅体现在复杂词汇的数量上。如果是这样的话，《小屁孩日记》（*Diary of a Wimpy Kid*）（约20445字）的难度可能与查尔斯·狄更斯（Charles Dickens）的长篇小说《圣诞颂歌》（*A Christmas Carol*）（约16000字）相似。一篇文章的相对阅读难度，与许多潜在因素有关。《圣诞颂歌》的非同步结构，以及狄更斯喜欢使用的结构复杂的长句和多个分句对现代的低龄阅读者来说是有一定的理解难度的，但这种类型的理解难度可以通过预先了解背景信息得以降低。小说中为人所熟知的角色，如大多数孩子都知道的《圣诞颂歌》中的吝啬鬼斯克鲁奇（Scrooge），以及典型的故事结构使得小说往往比信息类文本更容易被理解。

而在中学阶段需要阅读的大多数学术文本，都是信息类文本，如科学报告、现代外语教材的章节选段、计算机科学术语等。这些文本不会提供我们可以从故事中产生的情感联想，而且需要更多的背景知识，因为它们包含了更多的生僻词汇，而且它们论述的概念通常与日常生活相去甚远，因而对阅读能力较弱的读者来说通常比较陌生。

如果句子长度通常被视为可读性评价公式的一个因素，它们的重要性如何？前面提到，狄更斯非常喜欢使用结构复杂的长难句，这无疑给学生带来了理解困难。一个冗长而复杂的句子，会使学生的“工作记忆”达到极限。所谓的工作记忆，就是短期记忆的能力使人们可以在任何时候，在脑海中保存多个信息项目。让我们直接比较下面两个相对较长的句子，看看在经过刻意的重新排序之后，它们会给学生的工作记忆带来什么样的挑战。

原句：珍妮从门廊向外望去，这是八月一个阳光明媚、热浪滚滚的日子，绽放出灿烂的笑容。

下面，尝试阅读在前述句子上经过微调之后得到的长句：

在八月一个阳光明媚、热浪滚滚的日子里，珍妮从门廊向外望去，绽放出灿烂的笑容。

你是否注意到这两个句子的主语“珍妮”和主动词“望”从句子的开头调整到句子中间后产生的微妙差别？

以原句形式安排的多个分句结构，只会给大脑带来更大的挑战，要求我们花很多的精力去找出真正的主语。相反，在阅读两个句子之后，你会发现第二个例子中，划分句子不同成分的标点将有助于提升句子的可读性。这种对句法、句子结构的正确理解显然对内容整体意义的理解至关重要（尽管我们通常认为它的重要性低于对所读内容背景知识及词汇知识的理解）。

英语中最常见的句子结构单位包括：

- **词语**：老师
- **短语**：这个老师
- **分句**：疲惫的老师
- **简单句**：疲惫的老师开始阅读
- **复杂句**：当铃声响起时，老师开始阅读
- **复合句**：铃声响起，老师迅速开始阅读

这些基本的语言和句子单位，为我们提供了学生需要阅读的文本的基本构件。它们之间的变化越复杂，对我们的新手读者构成的障碍就越大。对于每一位试图确定文本复杂性的教师来说，一个非常简单的标准，就是要意识到，当一个句子有三个或更多的分句时，它很可能会给我们大多数学生带来更高难度的阅读挑战。

年幼的儿童很快就会对他们所读的典型句子结构产生认识。最常见的句子结构是“主语—动词—宾语”（S-V-O），如：“亚历克斯（S）写（V）书（O）”。你当然可以举例说明存在很多例外情况，但实际上主谓宾的结构，仍然是句子最核心的结构，比如说：

一群急切的老师们/迫不及待地拿起/这些关于阅读的新书。

S　　V　　O

如果句子中加入了多个分句，并用标点符号来分割不同观点，学生就不得不疯狂地激活大脑，在任何时候，他们都需要激活背景知识，将声音解码成单词，识别词汇，浏览句法和整个文本结构。

所以，对于许多人来说，复杂的阅读行为变成了一种挑战，这又有

什么奇怪的呢?

句法自身的复杂性使英国的考试委员会意识到，不能给考试问题增加不必要的难度。考试委员会关于英国普通中等教育证书考试语言采用的“可读性”清单，就是一个很好的例子。这个清单既说明了我们如何避免阅读障碍，同时也让我们了解了是什么让文章变得晦涩。所有的选篇遵循的基本原则包括：

- 将命令词放在句子的开头，每句只使用一个。
- 在问题中加入支撑性材料，作为指导（与考查所需的水平相适应）。
- 确保每个句子的字数少于20个。
- 使用标点符号，以清楚地显示特定的信息群。
- 在关键信息上加粗。
- 解释不熟悉的术语。
- 包括大量的空白，以提高可读性。

改编自：《英国普通中等教育证书考试说明：适用于2018年夏季开始的科学考试》

但许多教师得知英国普通中等教育证书考试的科学考试试卷的阅读年龄约为13岁时，他们感到很惊讶。事实上，如果将这门科学考试面向16岁的学生，也只有大约一半的学生能够理解这些问题，这将证明它更像是一个阅读测试，而不是科学学科类的测试。

考试委员会在面对特别是像科学这样的科目时，无法降低科学语言（如专业术语）的内在难度，所以必须缩短句子长度，降低句子的复杂性。在一篇科学文章中，增加一个额外的分句，有时候可能会影响学生的理解，但在某些情况下，它反而证明是有帮助的，并降低了阅读挑战的程度。例如：

镁，一种碱土金属，被用来制造坚固、轻质的合金，也被用于烟火表演，因为它燃烧时会发出亮光。

在这里，镁的分类的论述，能帮助学生重新认识它在周期表中属于哪一组元素。这种对名词的附加描述的专业术语属于“附加信息”，在中学阶段教育的信息类文本中很常见。因此，有时在一个句子中插入一个嵌入句，对读者来说反而有助于理解。

对于2年级或12年级的教师来说，掌握一些所读内容的语法特征是很有帮助的，这样教师就能说出这些特征，并明确指导学生在建立所读文本的心理模型时辨识这些特征。

即使是阅读《奇妙先生》系列绘本，教师需要掌握的知识，可能也会超乎预期。

了解阅读障碍及评估阅读难度

在探讨是什么让学校的课文变得难懂时，我们实际上需要探索一系列复杂的、相互影响的因素，可以把它们简化为“阅读难度8要素”。

1. **背景知识——理解特定段落或文章必备的大量相关知识和概念。**
2. **词汇的范围和复杂性（包括单词长度）。**
3. **使用抽象的形象和隐喻性语言。**
4. **句子长度和句法。**

5. **叙事或全文结构。**

6. **文本类型或体裁等，如历史传记。**

7. **某一特定文本中是否存在相关信息支持，如关键词词汇表。**

8. **文本长度。**

当然，所读内容的难度的大小，总是取决于学生的知识和他们过去的阅读经验。一篇关于足球名将利昂内尔·梅西的长篇传记，哪怕包括大量图片、统计数据和足球术语，对于一个对足球没有什么了解或兴趣的熟练读者来说，同样可能是个负担，而一个年幼的、普通的，但热衷于足球的读者，在阅读同一篇传记时面临的阅读理解困难可能要少得多。然而，现实情况是，许多学校所选的教学文本与学生的背景知识相去甚远。

维恩·坦南特（Wayne Tennant）提出的“阅读难度简便计算表”（ready reckoner）是一个更容易理解的“公式”方法，让工作任务繁重的教师可以轻松地定期应用，同时也可以根据各自学科的教学目的调整标准（即可以为不同学科的阅读设计一个简便计算表，如科学类文章等）。首先，考虑班级中学生的阅读水平跨度。然后对照以下3个标准（或基于类似原则的标准），测试文本，如小说、杂志文章、网页或工作表等的阅读难度。

1. **难懂的词：**是否存在一些棘手的词，你觉得班上许多人可能很难解码或理解（对于更低年级的孩子，读词能力将是首要考虑因素，但对于年龄较大的学生，理解单词将成为关键标志）?

2. **语言特点：**是否包含独特的隐喻或意象，包括多个分句的复杂句子结构，以及罕见的标点符号，如冒号的使用?

3. **多种概念：**文本关联了多少不同的想法和概念？这与“困难词汇”的标准相互作用，因为不熟悉的词汇往往会在课堂上引入新的概念。

现在，你可以使用这个“阅读难度简便计算表”来衡量选自某篇课文的100个单词的内容难度。如果设定数值有助于计算，那么可以为所选样本文本中的每个难词、语言特征和概念加分，然后把100分作为一个起始值，再减去整理出来的难点数字。

例如，分析英国广播公司（BBC）一篇关于气候变化的线上文章的样本，可能会获得以下难度得分。

1. 难词　　　=3分

2. 语言特点　=4分

3. 概念　　　=2分

总分　　　　=9分

坦南特提出，使用这个计算表，就可以计算出一个粗略的可读性水平，以100分为起点：

- 95—100分 = 该文本不难理解。
- 90—95分 = 文本提供适当程度的阅读挑战。
- 小于90分 = 该文本对某些学生来说可能难以独立阅读。

按照这个计算逻辑，前面这篇关于气候变化的文章，最终得分是91分（100分减去9分），这使它处于“适当的挑战难度”的范围。因此，它将被证明是可读的，大多数学生可能会独立地完成阅读。在其他时候，一篇被视为困难的文本有可能是可读的，前提是教师提供更多的阅读指导与支持。

了解语言知识和背景知识中使阅读特定文本变得困难的因素，应该是教师必备的教学常识。每个教学阶段的连贯性阅读课程对任何学科或任何领域的研究都是必要的，当我们在课堂上和家庭作业中快速选定阅读材料时，使用一个固定的可读性计算方法被证明是非常有效的。如果我们考虑到班级中不同学生的不同阅读水平，可读性分数可能永远不会完全体现一篇文章都学生的实际难度，但在课堂阅读及安排阅读任务，并提供支持阅读的帮助时，可读性分数还是具有参考意义的。

最后，对教师来说，一个重要的洞察力，是知道许多学生在面对这些阅读障碍时根本不具备任何阅读策略或技巧。在面对难懂的词或复杂的句子结构时，这些学生可能没有意愿及方法跨越阅读障碍。一个残酷的事实是，阅读能力较差的人，往往不知道自己的阅读障碍出现在哪里。

诸多的研究证据都证明的一个现实是，阅读能力弱的读者往往认为他们不应该监测自己的理解，也不应该在面对难懂的单词或概念时及时采取减少/修复策略。因此，一个恰当的解决方案，是让每个学生都能意识到在阅读过程中存在“阅读难度8要素”，并明确地教授他们在面对具体的阅读障碍时应如何有策略地解决。

关于阅读障碍，每位教师都应该知道什么

阅读障碍（dyslexia）这个词的构成是：“Dys”意为困难、不正常；“lexia”意为单词。

对很多教师来说，阅读障碍是一个很情绪化的词，它唤起了恐惧和一些困惑。每位教师都能认识到学习阅读的困难可能造成的破坏，但是，作为一个被标签化的术语，很多教师往往没有真正地理解什么是阅读障碍，在面对一个有阅读障碍的学生时，教师的自然反应是期望这个问题能

在其他地方由更专业的同事来解决。

对于一个存在重大阅读障碍的学生来说，学校可能意味着反复的失败和来自他人的孤立。菲利普·舒尔茨（Phillip Schultz）在《我的阅读障碍》（*My Dyslexia*）一书中痛苦地坦言阅读障碍所带来的潜在伤害。

> 在很长一段时间里，我无法想象我的生活有什么意义……我不知道我的大脑在处理信息和语言方面，有什么问题或不同，但我确信自己有问题。时至今日，我依然时不时地认定自己在阅读方面有问题，或许我的阅读障碍永远也不会消失。
>
> ——《我的阅读障碍》，菲利普·舒尔茨

菲利普的个人故事，从最原始的角度分享了严重阅读障碍可能带来的持久影响。面对无法理解学校课程内容的潜在障碍，以及可能引起的情感和学习动机方面的损害，人们希望减少对存在阅读困难的读者的歧视，这是可以理解的。

阅读障碍的概念，往往与面对这种困难时的创造力有关。在我们的历史上，有一系列著名的天才被引为克服阅读障碍的成功案例。从巴勃罗·毕加索（Pablo Picasso）到奥古斯特·罗丹（Auguste Rodin），从阿加莎·克里斯蒂（Agatha Christie）到沃尔特·迪士尼（Walt Disney），从史蒂芬·斯皮尔伯格（Steven Spielberg）到乌比·戈德堡（Whoopi Goldberg），许多名人都被认为存在阅读障碍，这导致人们普遍认为，阅读障碍也看被视作一种“天赋”，有阅读障碍的人能够以意想不到的方式获得成功，这

为许多存在阅读困难的学生提供了一个积极的信息。

然而，我们应该高度警惕这种美化阅读障碍的说法。毕竟，事实证明，“阅读障碍的天赋”其实是一种富有吸引力的错误观点。诸多研究表明，存在阅读障碍的学生并没有展现出超常的创造力，以弥补他们在学习方面的缺陷，我们应为有阅读障碍的学生提供及时、全面的解决阅读障碍问题的帮助与指导。

早在一个多世纪之前，我们就知道阅读障碍可能是一种遗传因素，尽管它往往表现为家族遗传（从这个角度而言，了解学生的家庭背景将有助于判断学生是否存在这个风险因素），但阅读障碍是一种异质性的疾病，也就是说，它可以受到各种遗传和环境精神因素的影响。

阅读是一项复杂的技能，需要投入大量的时间、经历去学习、训练，这也意味着解决阅读障碍是一种复杂而棘手的问题。

关于阅读障碍的主流科学观点是，这是语音缺陷导致的结果，即有阅读障碍的人，其大脑很难将声音与字母准确地匹配。在阅读过程中，在处理声音和词汇方面的持续延迟，可能造成严重的后果。每识别一个单词需要延迟几毫秒，再加上在试图将该单词与其背景知识储存联系起来方面的几毫秒延迟，所有这些都会最终导致缓慢、费力、令人挫败的阅读体验。吉姆·罗斯（Jim Rose）爵士在2009年的报告《如何识别和教导存在阅读障碍和读写困难的儿童及青少年》（*Identifying and Teaching Children and Young People with Dyslexia and Literacy Difficulties*）中为阅读障碍提供了一个定义：

阅读障碍是一种学习困难，主要影响到准确和流利的单词阅读和拼写的技能。

- 有阅读障碍的读者在语音意识、言语记忆和言语处理速度方面存在困难。
- 阅读障碍可能发生在不同智力水平和范围的人群身上。
- 最好将阅读障碍视为超越时间线的连续状态，而不是一个特定的类别，也不存在任何明确的分界点。
- 有阅读障碍的读者在语言、运动协调、心智计算、注意力和个人组织方面可能同样会表现出困难，但这些本身并不是识别阅读障碍的特征标志。

语音意识本身就是一个连续存在的过程，所以要明确地界定阅读障碍也很困难。关于阅读障碍的一个主要的争论，是这种现象在我们的课堂上到底有多普遍，有人估计比例高达20%；但大多数专家认为有阅读障碍的学生的比例接近4%—8%。

阅读专家马克·塞登伯格（Mark Seidenberg）在他的《视觉速度下的语言：我们如何阅读，为什么许多人不能阅读，以及可以做些什么》（*Language at the Speed of Sight: How We Read, Why So Many Can't, and What Can Be Done About It*）一书中提供了一个有用的医学比喻。他说，当一个人被诊断为患有流行性腮腺炎时，这被证明是一种存在具体病因的疾病，几乎没有什么含糊不清之处，但“阅读障碍不像流行性腮腺炎那么容易明确地诊断和定义”。相反，他认为这就像高血压或肥胖症。它们都是医学界公认的病症，但它们处于一个连续发展的过程中，确切的诱因可能很复杂，并可能同时存在各种关联的并发症。这就导致教师很难做出任何简单的判断或提供解决方案。教师需要更努力地工作，才能诊断出学生需要什么样的阅读支持。

教师是否应该使用“阅读障碍”这个术语本身一直存在很大争议。想要辨别阅读障碍，教师需要具备知识和信心，将重点放在鼓励课堂上的智能诊断和评估上，而不是急于用一个宽泛的标签来定义学生，并假设花更多时间进行考试和彩色阅读卡的使用能够帮助弥补学生在阅读能力方面的不足。这些方法都没用！基于常识，当有人为一个复杂的问题提供了一个一刀切的简单解决方案，如用彩色阅读卡来解决阅读障碍的问题时，我们就应该知道这是一个华而不实的无效方法。同样，教师本身若缺乏足够的有关阅读教学及阅读障碍方面的专业知识，那么想要完全地解决学生在阅读方面的差距也是不太可能。

例如，教师在了解了学术文章的复杂性和学生的阅读障碍后，可以进行诊断性评估，通过明确询问单词的发音和拼写模式，检查学生是否能准确地诵读一篇新文章的开头部分，或者根据班级的情况部署一个“阅读难度简便计算表”。塞登伯格将阅读障碍恰如其分地描述为一个“移动的标靶”。然而，教师对儿童如何学习阅读、如何通过阅读学习，以及文本复杂性的原因了解得越多，就能更好地瞄准这同一个目标为学生提供阅读支持。

我们都知道，入学时口语能力较差的儿童，很有可能出现阅读困难。我们也知道，存在阅读障碍家族史，对学生来说是一个明显的风险因素，早期的指标可以包括复述新词的困难（如第三章拼音检查中的生造词汇“skap”和“blorn”等）。另外，与较差语音意识有关的问题——例如，无法区分“track”（跟踪）和“tack”（图钉）之间被省略的音素，也可能是细微但重要的指标。

对阅读障碍的早期诊断和识别可以确定读写困难和其他更多类型的问题。我们都已经知道，语言知识范畴下很多细分的方面，对阅读能力的发展非常重要。例如，学生在入校时已经掌握的字母相关知识，是预测其在1年级期末时的阅读成就的有效指标。此外，小学1年级的学生，如果不能拼出下面这些非常初级、简单的英语单词，如“hut”（小屋）、“star”（星星）、“fork”（叉子）、“ball”（球）、“vest”（马甲）、“crown”（皇冠）和“start”（开始）等，可能被视为“高风险”学生。

对于更高年级的学生而言，由于早期阅读技能薄弱，可能会出现词汇量不足的情况。此外，逃避出于兴趣和享受而阅读的行为，可能会进一步加重问题，扩大阅读水平的差距。这些学生可能在口头表述方面非常流利，但很难通过文字表述同样的信息或想法。当然，如果你已经年复一年地忍受着阅读方面的困难，作为一个青少年读者，你的阅读动机和积极性会降到谷底，让上学的每一天都变成难以忍受的折磨。阅读积极性的降低可能导致逃避阅读练习的行为，进而引发恶性循环，因此评估学生的阅读动机不仅很有帮助，还可能提供启发性的见解。

请你花上几秒钟的时间，考虑一下像菲利普·舒尔茨这样存在严重阅读障碍的学生，他有多少次自愿在课堂上诵读？他有多少次在“默读”或类似的课堂活动中假装自己在认真地阅读？

研究显示，与结构化语音教学有关的方法，以及教师采用适合相应阅读年龄的特定难度的文本，支持学生并强化阅读策略，才能够最有效地支持存在阅读障碍的学生。在小学（尤其是最初的几年）阶段，这两个过程都应该成为常规课堂教学的一部分。在中学阶段，阅读支持更有可能发生在教师身上（尤其是中学英语学科，但肯定不是唯一的指标），但结构化的语音干预可以在课堂之外进行。在学校教育的两个阶段（小学和初中），使用“减少/修复策略”和强调理解性监测也有助于解决阅读障碍的问题。

这就要求我们回顾本书第三章提到的阅读科学和第四章的专注于理解力的培养。那些存在语言障碍的学生，或者学业表现逊色于同龄人的学生，都能够从明确的、有组织的教学中受益。无论是提升诵读的流畅性，还是提供合适阅读难度的文本、教授阅读技能与方法，以及拓展词汇教学，对每个学生都有好处，而那些有阅读障碍的学生则将成为最大的受益者。

学生的阅读理解力弱的原因

对于许多学生来说，与阅读障碍相关的问题，如无法准确流畅地诵读单词，并不能充分解释他们在课堂上表现出的阅读困难。研究人员认为，在大多数的班级中，约有8%的学生可能被描述为“理解力弱”。

对“理解力弱”的诊断更像是对阅读障碍的诊断，它是复杂的，可能存在一系列复杂的诱因，在界定学生是否存在理解力弱的问题方面也没有明确的界限。对于教师来说，要发现理解力弱的学生是较为困难的，因为他们也可以做到流畅地阅读，甚至有可能听起来是优秀的诵读者。教师需要时间认真挑选的理解性问题，才能发现他们隐藏在正常表现背后的阅读理解水平及能力方面的差距。

我们可以发现许多学生存在阅读理解能力弱的问题，因为它早在入学时，就暴露在口头语言表述的能力上。对于一些孩子来说，他们在听力理解方面会有困难，也就是说，很难理解单词的意思和句子的语法；叙述技巧——如连贯地表达自己，解释动作或故事的流程；词汇知识有限等。

如果在上学前没有大量丰富的口头语言输入，刚入学的小学生根本不具备获取和理解所读内容的基础。但值得庆幸的是，学校可以在这些孩子的幼年时期为他们提供强有力的干预措施，如“纳菲尔德早期语言项目”（Nuffield Early Language Programme）。

正如上一章关于阅读理解的内容所述，成功的专业阅读者是有知识的、有丰富实践的、积极且有策略的。相反，理解力弱的阅读者不会有效地使用前述的“减少/修复策略”，如重读、提问和关注句子、文本结构等。

> 他们不认为阅读是一个积极的、建设性的过程。只有当教师指出他们的答案是错误的，且提醒他们注意自己是否充分理解了所读内容，并要求他们搜索一些信息时，这些孩子才会建立这种联系。
>
> ——《理解能力和推理能力：因果关系问题》，
>
> 卡恩、奥克希尔

对于这些学生来说，教师发挥的作用是最重要的。事实证明，在每个关键阶段和学科领域进行明确的阅读教学是必不可少的。

尽管阅读理解困难的问题根源可能在孩子上学之前就体现在口头表达能力欠缺上，但这种困难往往在8岁左右变得更加明显，因为孩子需要阅读的内容越来越复杂。在美国，有一条平行的研究线索，将其描述为

“4年级的低潮”，即10岁和11岁的孩子在阅读更复杂的文章时遭遇的困难，这可能是由多种因素造成的：在学生还在努力尝试流畅地诵读单词时，有新的、更复杂的词汇带来的挑战；此外，学校的阅读需要大量的背景知识，出现了新的、更复杂的句子和整个文本结构。尽管语音教学在很大程度上与课堂上的高质量教学密切相关，但家庭及社会背景的影响也不可被忽略。

识别学生的阅读障碍

教师可以提前预测学生可能存在理解方面的困难，并积极示范和支持学生培养理解性监测的技能，同时预先教授学生可能缺乏的词汇和背景知识。首先，当务之急是通过与学生交谈，找出他们在相关知识储备上的差距，或他们秉持的常见错误概念。

通过有针对性的提问和谈话等教学策略，教师可以帮助学生监测他们的阅读理解。通过提问向学生示范如何推论，是一个很重要的教学手段。教师对学生和阅读发展的深入了解，也同样重要。此外，理解力弱的学生发现，与具体的词相比，他们更难记住抽象的词，所以教师提前帮助学生找出这些抽象词汇，也有助于提升理解力。教师帮助学生把这些抽象的词与具体的视觉画面相关联（如将和平的抽象概念与鸽子的形象结合起来），可以帮助理解、记忆。

在阅读非常熟悉的主题时，理解力弱的学生可能会在课堂上表现得很积极，并且提供很多的信息或意见，但在讨论对已经读过的内容的理解时，他们就更倾向于保持沉默。

鉴于理解力弱的学生在背景知识储备方面可能存在不足，再加上阅读的方法比较被动，所以阅读的行为可能导致他们的工作记忆（他们在阅读时处理新信息的能力）不堪重负，为此支持学生记忆的策略特别有帮助。所以，在面对一段复杂的文字时，理解能力弱的人记住并且能够复述这些句子的能力，显然差于同龄人。因此，对于理解力弱的人来说，积极强调构建拼图、记忆文本的完整画面的策略就变得至关重要。

像结构化笔记和使用图形来表示整个文本的方法，如维恩图解（Venn diagrams）、概念图（concept maps）和鱼骨图（fishbone diagrams），可以帮助学生巩固和重构文本的意义。这些高效的图形，经常通过视觉可见的方式，构建心理模型。在一个学生阅读了大量的文字，或者阅读了多个来源的资料后，将其思维直观地组织起来，将有助于记忆，并为刚接触高阶阅读的学生减轻工作记忆的负担。例如，在5年级的地理课上，如果学生正在研究自己生活的城市或城镇，就可以设计一个鱼骨图，来记录一些突出的地理类别，如“农村”（rural）、“城市”（urban），以及“住房”（housing）和“土地使用”（land use）等（如图5.1）。

与大多数旨在帮助学生克服阅读障碍的策略一样，早期的支持也很重要。早期的口头语言和日后的阅读理解之间有着密切的联系。研究表明，对于低龄的孩子来说，专注于语音、词汇理解、叙事技能，学习表达、反馈、扩展自己的想法，有助于为未来的高阶阅读打好基础。例如，学生与助教进行短期、每日一对一的沟通，反映了对话与阅读理解之间的复杂关系。研究人员已经开始更具体地总结阅读障碍的表现特征，为不同学科的教师提供帮助。

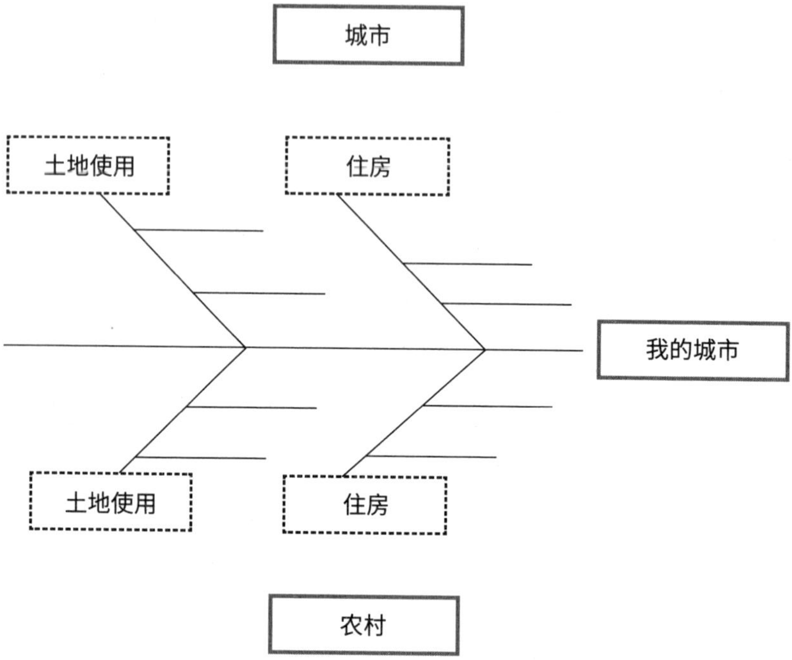

图5.1　我的城市——鱼骨图

潜在的阅读障碍	在课堂上的潜在症状
词汇	在口头表达和/或写作中使用的词汇有限
口头表述	在组织口头表达方面存在困难，且/或很少参与课堂的交谈或讨论
形象语言	难以充分理解不同层次的意义、比喻、笑话或文字游戏等
表达技能	很难以叙述清晰或有条理的方式描述个人的经历
语法发展	很难理解复杂的句子，如无法找出句子的主语等

续表

潜在的阅读障碍	在课堂上的潜在症状
口头推理	很难推理，如找出同义词或反义词等
推论	很难根据所读的内容做出建立关联和逻辑的推论
理解性监测	很难意识到自己存在错误的理解，或在知识储备方面与他人存在差距
口头的工作记忆	很难跟上包含了多个步骤的教学指令
阅读的动机/积极性	不喜欢阅读，或只选择特定类型的图书或文本进行阅读

来源：P. J. 克拉克等人合著的《如何发展阅读理解能力》（*Developing Reading Comprehension*）

对复杂问题的“简单看法”

显然，如果我们要确保像马修这样存在阅读障碍的学生也能够取得学业的成功，并享受阅读的过程，从中获得人人都可以享受的乐趣，我们就需要知道语言是如何运作的，以及阅读障碍是如何产生的。这是一个复杂的问题，需要教师接受专业的训练，正确识别学生的阅读问题，并给予科学的支持，只有这样才有可能缩小不同学生之间的阅读技能差距。

诊断学生阅读障碍的一个常见模式，是具有讽刺意味的“简单的阅读观”。它有助于充分区分以下两个主要方面：词汇诵读、正确且几乎毫不费力地解码单词的能力和阅读理解（如图5.2）。

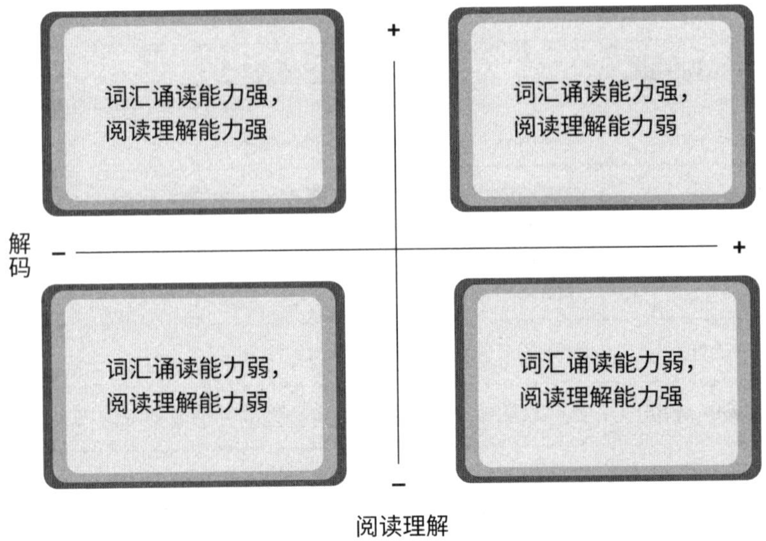

图5.2 “简单的阅读观”象限

资料来源：《提高第一阶段读写能力》，教育捐助基金会（2017）

教师仅仅确定某个学生的阅读理解能力弱是没有用的，教师还需要更具体地了解其存在的学习障碍，这就要求教师充分了解学生的情况、了解阅读和具体阅读的内容。清楚这是单词理解的问题，还是诵读流畅性的问题，亦或是文本整体理解的问题？

当然，这些问题是相互影响的，并可能同时出现（这种判断适用的范围也很有限，因为学生不会完全符合某种科学类型和象限的描述），但通过更好地了解这些问题，教师往往可以将注意力集中在更具体的解决方案和课堂实践上。

仅仅知道“词汇诵读能力强，但理解力弱”可能符合“理解力弱”的特征，而“理解能力强，但词汇诵读能力弱”可能与阅读障碍的特征有关，就是一个好的开始。这可能会促使教师采取更好的干预措施。此外，对教师来说，最重要的是对学生所面临的障碍做出有用的判断，这就促使教师思考需要如何进行富有针对性的阅读教学。

教师可以使用“简单的阅读观”的图形版本，来对班上的学生做一些简便的测试。大多数学生总是有很好的解码和理解能力，但是在KS2和KS3的学生中，有一部分学生的理解能力较差，另一部分学生的读词能力较弱。我们可以询问每个班级的学生，在这个象限中处于什么位置。尽管这样的判断是有缺陷的、有限的，但最终是有用的。

像马修这样存在阅读障碍的学生，总是在“词汇诵读能力弱，阅读理解能力弱”的象限里挣扎，需要教师和家长进行干预。适用于阅读教学领域的干预措施包含3层波段（如图5.3）。

如果我有机会再次带着马修一起阅读，我会采取更系统的方法来满足他的复杂阅读需求。我将致力于分解和拆分他的阅读障碍，可能会从

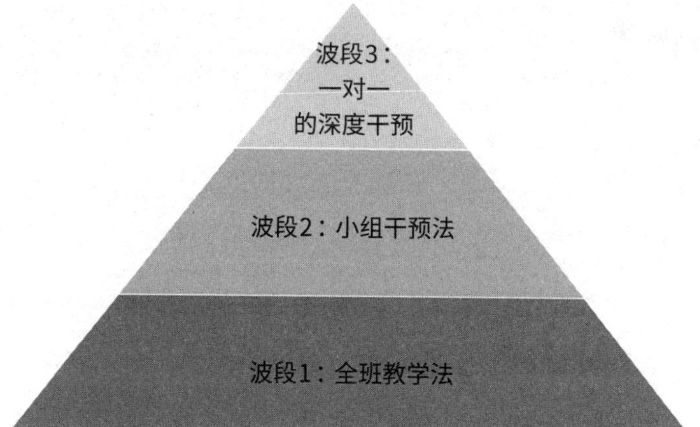

图5.3　不同波段的干预措施

最基础的解码开始，以确保他能够使用高频词汇；然后，我可能会在口语表达和诵读流畅性方面对他进行强化训练，这将需要与波段1相近的训练强度。

帮助马修以及同样有阅读障碍的学生，教师需要与助教密切合作，建立亲密的合作伙伴关系。最理想的情况是，每位教师和助教都受过严格的阅读教学的训练，有时间相互支持，但情况往往不是这样。鉴于阅读是理解和掌握学校课程内容不可分割的一部分，教师必须从正常的教学中挤出时间，将阅读的指导和培训作为首要关注点。

对于许多成功的青少年读者，我仍然会坚持把重点放在提高他们的阅读理解力上，谨慎地安排所学内容的顺序。与此同时，我在选择阅读素材时，会明确考虑到其对学生的相对难度，注意监测“阅读难度8要素”，而不是盲目地遵循那些作用有限的评估阅读难度的复杂公式。

本章内容概述

- 通过了解决定文本复杂性的因素，教师可以更好地帮助学生克服阅读障碍。与其依赖可读性公式这一作用有限的工具，教师可以更好地理解“阅读难度8要素”，这些因素代表学校课程所选的复杂文本阅读的特点。
- 将阅读障碍症美化为一种天赋，本质上是错误的。教师应该集中精力，更好地了解如何识别和解决最能体现阅读障碍特点的问题，如读词困难等。
- 阅读障碍是一个移动的标靶，没有唯一的成因。因此，所提出的“简单”解决方案，如彩色阅读卡，不太可能有效地解决学生的问题。相反，教师需要确保阅读教学明确而有效地解决具体问题，如单词诵读和利用“减少/修复策略”等。
- 理解能力弱的学生往往很难意识并主动监测自己遇到的阅读困难或障碍，而且无法做到有策略地阅读。
- “简单的阅读观”是区分不同阅读障碍类型的模型，用于定位有阅读障碍及阅读理解能力弱的学生。

第六章

适用于不同学科的阅读策略

请花点时间阅读下面两段关于灯塔的文字，并思考二者的不同之处、相似之处，以及学生可能在学习过程中的什么时间和地点遇到这两段描述性文字：

> 因为她面前是湛蓝色的海水；远处古老的灯塔朴实无华地矗立在大海中央；在右边，目光所及之处是披覆着野草的绿色沙丘在海水的激荡下渐渐崩塌，形成一道道柔和、低回的皱褶。
>
> ——《到灯塔去》，弗吉尼亚·伍尔夫

比奇角（Belle Toute）灯塔是英国南海岸比奇角（Beachy Head）悬崖顶上的一个著名地标……自从灯塔后移后，海水对悬崖的侵蚀仍在继续，连续多个潮湿的冬天和非常干燥的夏天导致了侵蚀的加速。

——《海岸教案：这样看问题第8课》，地理协会编写

作为一个拥有多年专业阅读经验的阅读专家，你很可能会发现，这是一项相对容易且看似“自然”的任务。所有那些没有明确写在书中的知识，都被你带到了文本中。你可以从词语的选择、句法和风格中做出许多推论，这些推论几乎可以立即发挥作用，启迪我们对这两篇短文的理解。

你可能已经注意到了关键的相似之处：两篇文章都以灯塔为主题。然后，你可能会注意到同样显著的差异：第一篇文章的体裁似乎是文学小说；而第二篇文章则是信息类的文本。词语的选择能帮助我们做出这些总体推断。像“狂野流动的草”这样听起来很有诗意的短语，可以与“悬崖的侵蚀”这样有意义但更偏向信息普及的短语形成鲜明对比。

尽管我们可能并非英语语法专家，但依然能注意到第一篇文章使用了大量的形容词和动词，句子结构中也有很多看似流畅、相互关联的句子。这是一篇文学作品——但你可能已经知道了——来自弗吉尼亚·伍尔夫（Virginia Woolf）的小说《到灯塔去》（*To the Lighthouse*）。这是一篇艰深的文章，有着成熟的主题和高阶的词汇，如“肃穆”一词，暗示着年龄大一点的学生才会阅读这样的文本。

当通过文学评论家和小说读者的视角来看待这篇课文时，我们本能地开始了一种新的阅读方式，即寻找象征主义。我们推断，句子结构可能

是在模仿水面在灯塔上的流动，还有更多的意义。作为阅读专家，我们借鉴了包括象征主义在内的文学传统，从奥德修斯（Odysseus）的回家之旅到杰伊·盖茨比（Jay Gatsby）的码头尽头的绿灯。

与此相反，第二篇文字是地理协会编写的以海岸为主题的KS3课程大纲的一部分，这是一系列文本中的一篇，包括海岸的图片、灯塔、房地产经纪人的广告，以及当地人的引言集。这些信息类的文本可以被比较和证实，以唤起一种独特的地方感。“身临其境”成为地理学家利用的阅读理解策略，以描述他们心智模式的形成。对“侵蚀”的强调表明，学生将需要在他们的心理模型中，迅速嵌入自然地理学中的这一重要概念，如4种不同类型的侵蚀和相关的海岸演变过程等。

通过关注每个学科独有的阅读、认识和实践的专门方法，教师可以认识到，学生既需要发展通用的阅读技能，也需要发展不同学科的专门阅读策略。这种方法被称为“学科素养”。它与更常见的“跨学科读写”的方法不同，因为它强调存在有用的通用读写技能和各学科专属的阅读策略，但在同一学科内区分两种技能并不容易，所以教师需要关注这些细微的差别。

显然，我们的阅读方式因文本、阅读目的和主题领域的不同而不同。作为一个地理学家，我们的阅读方式与作为一个文学评论家不同；作为一个生物学家或艺术家，我们对同一文本的阅读方式也不同。我们每次阅读都有不同的目的、角色和目标。在采取不同的方式阅读不同的文本时，我们通常会从成熟的学科领域及其阅读、观察和思考方式中汲取营养。这种在阅读的过程中发展专业知识的过程，始于人生的早期，并随着学生在小学和中学阶段的成熟而发展。

一旦学生掌握了学习阅读的方法，通过阅读学习就开启了这个漫长而重要的过程，即在学科领域中辨别阅读的特殊性。通过对“学科素养”的仔细关注，教师可以为学生提供最好的支持，让他们在课堂上作为阅读者茁壮成长，因为他们在每个关键学习阶段都在进步。

以学科视角阅读信息类文本

● 地理学家是如何阅读的

这是地理教师需要回答的一个重要问题。然而，如果这个话题在小学或中学的全校培训占有一席之地，那将是令人惊讶的，因为这是高度专业化的知识，而且假设这种知识只能在课堂上获得和发展。考虑到小学课程的广泛性，这种细微的、看似边缘的问题也不可能被提出。因此，在关键的教学阶段学术阅读的连贯性通常是一个被忽视的话题。

但是，如果以这种方式关注阅读和认知，被证明是确保孩子们学业有成的不可或缺的部分，那会怎样？随着对中小学“学科素养”的关注，我们是否可以建立一个平台，让这种边缘性问题影响阅读、课堂实践和课程设计？

我们可以像地理学家一样定义复杂的阅读行为。在阅读一个案例或有关地理现象（如侵蚀）的信息时，地理学家会运用分析性的视角延伸出一系列的观点，例如：

- 政治观点
- 环境方面的观点
- 社会观点

● 经济观点

通过这些视角的阅读，我们可以为作为新手阅读者的学生提供一个支撑框架来整理观点、做注释，并根据各自的阅读需求进行计划。类似于第四章中的“互惠性阅读”，教师可以分配角色和目标，组织学生集中开展阅读。这样的策略可以从小学开始，以写作为支撑，以教室展示材料为导向，通过这种方式帮助学生以地理学家的视角进行阅读。

秉持前述观点，一个地理学家会在文本中寻找趋势和模式。这些阅读目标，是通过寻找更专业的文本集来实现的。一个地理学家如果要回答一个关于撒哈拉以南非洲的问题，他可能需要通过阅读地图、统计数据和个人陈述，来更好地建立各自的人类系统和自然环境之间的相互关系。正如前一章所探讨的，一个负责调查当地情况的小学生，可能会接触到一系列需要同时阅读和交叉参考的文本类型，如网站、信息类书籍和广告等。因此，地理学的阅读具有独特的挑战性，这种独特性也将带来丰厚的回报。

想要了解一个地方，除了列举一系列的首都城市，从流域到冰川的地方知识，同样是至关重要的。此外，着重强调专业的地理语言，有助于学生准确理解地理文本，如“口岸”“三角洲”“支流”“汇合点”和“源头”等。这些词汇都能够唤起地理学家对特定地点的清晰记忆或认知。这些词将视觉地图的阅读与语言上的对应物联系起来。阅读多模态文本（也就是说，一个文本有不止一种信息呈现模式，如一个包含了文字、图像和超链接的网站），也被证明是像地理学家一样阅读的组成部分。

理想的情况是，不同学科、不同年级的教师在同一个连贯的课程发展模式下，一致努力制定“像地理学家一样阅读”“像生物学家一样阅读”

等参数。通过结合学科知识和阅读知识，教师可以设计出适用于自己课堂的有效阅读方案。

课程地图可以包括一个大想法、概念和特定学科词汇的有序序列。我们可以绘制重要词汇的微观细节，同时也可以对扩展阅读文本的选择进行宏观决策。我们还可以确定相关主题需要哪些“必要”和“额外”的阅读，确保可以绘制出理想的、更广泛的阅读地图，以增加学生所需的背景知识的丰富性。为了成为一个专业、有策略的阅读者，学生需要了解这些不同的文本结构（特别是考虑到与理解叙述性文本相比，信息类文本对我们的学生来说通常更加难以理解）。信息类文本有5种常见的结构：

1. **描述性结构**：作者对某一事物进行简单描述的文本，如生物学中对动物栖息地的描述。
2. **顺序性结构**：描述明确地按顺序排列的文本，如历史中按时间顺序排列的时间轴。
3. **因果关系性结构**：作者描述事件与结果之间关系的文本，如描述牛顿运动定律的物理学文本。
4. **比较与对比性结构**：作者通过比较和建立联系来阐明对事物的理解，如在一篇艺术文章中，可以对两个艺术时期进行比较。
5. **问题和解决方案性结构**。例如，在食品技术中，不健康的饮食问题，与关于平衡饮食的知情选择的解决方案。

教师指导学生识别整体的文本结构，能够帮助他们展开推理和理解。学生对这些结构越来越熟悉后，就能更积极地识别最突出的信息，略读和寻读，迅速在所读的内容之间建立关联。理解复杂文本的关键，是识别文本的基本模式和结构，尽管它们通常被科技术语、高密度的事实论据所掩盖，但通过前述策略和指导，我们依旧可以有效地帮助学生理解一个复杂的意义地图。

教师可以引导学生去研究构成学术文章组织架构的话语标记，如下页表格所示。

通过教师及时而简明的示范，在文本中识别这些模式的任务，可以瞬间完成。例如，一篇描述侵蚀过程的地理课文，很可能是“描述”“顺序”和“因果关系”的组合。如果教师可以引导学生对这样的文本进行注释，那么他们就能更好地将阅读分成几个步骤，或者在给定的文本中找出侵蚀的关键原因。图表、流程图和其他可视化的组织方法，可以映射到这些不同的文本结构。教师和学生可以更容易地选择合适的阅读策略或工具。例如，流程图适用于顺序性文本；鱼骨图适用于因果性文本等。

培养学生对文本结构的敏感性，阅读扩展类文本至关重要。如果学生习惯于阅读概括性的短语、句子，以及仅包含标题、图像的幻灯片，他们就无法获得追踪更多扩展文本结构的经验。如果教师在短期内，为了使课程更容易理解而采用前述降低难度的做法，那么从长远来看，反而会使学生更难理解未来的课程内容。有证据表明，对于存在阅读困难的读者来说，以较快的速度阅读包含复杂结构的扩展类文本（如小说）比慢速阅读插入大量标题、图片等特殊设计以降低阅读信息量及理解难度的文本更能够训练学生对文本结构的敏感性。

在利兹的阿勒顿格兰奇（Allerton Grange）学校，历史系主任蒂姆·詹纳（Tim Jenner）试图以一种系统的方式使“常规阅读”成为现实，为课堂上进行的丰富的历史调查提供更具挑战性的广泛阅读。通过精心策划的课程，首先促进了学生阅读更多熟悉的历史学家的叙事性文本，在强调每项

描述性结构	顺序性结构	因果关系性结构	比较与对比性结构	问题和解决方案性结构
例如……	首先……	因为	同样的……	最终……
举例……	其次……	有鉴于……	与之相同的……	因此……
此外……	第三……	如果……那么……	以同样的方式……	结果是……
更进一步说……	接下来……	因此……	同等的……	要解决这个问题……
……还有……	随后……	所以……	与之类似的是……	如果……那么……
此外还有……	后来……	于是……	相对应的……	因此……
比如……	更进一步……	后来……	相反的……	
值得注意的是……	最终……	之后……	另一方面……	
	总而言之……		反过来说……	
			反而……	

调查的“核心文本”阅读的同时，詹纳专注于进一步发展学生阅读更多的历史学术摘要的能力和机会。对詹纳来说，这些目标不仅仅是锦上添花的附加课程内容，而是学习的重要组成部分：

> 我们的目标，是帮助学生处理遇到的复杂程度更高的叙述文本，因为篇幅较长的文本，学生无法轻易定位关键信息，轻松地理解，给出正确答案。相反，它们要求学生梳理复杂的叙述结构，理解信息间的细微差别。
>
> ——《阅读常规：帮助KS3学生成为历史学术文章的固定读者》，蒂姆·詹纳

学校可以通过建立“借阅图书馆”，给学生提供更多阅读课程规定内容之外的文章、杂志、书籍等不同阅读材料的机会。简单地说，学生要学会“像历史学家一样阅读”，就要尽可能广泛而深入地阅读大量伟大的历史学家的文章和作品，增加提升阅读理解能力所需的背景知识，当学生习惯于阅读一连串不完整的短文摘录时，往往无法获得这些关键的背景知识。

尽管每个关键阶段的科学课程都有可能随时挑战学生既定的教学大纲，但教师依然可以通过对信息类文本的广泛阅读，为学生搭建一个平台，帮助他们理解以往难以理解的抽象科学概念。像英国皇家学会青少年图书奖（Royal Society Young People’s Book Prize）这样的来源，就提供了一系列历史获奖者和入围图书清单，可以为教师提供一个有效的阅读课程参考。

道格·勒莫夫（Doug Lemov）将“预备型复杂文本”定义为，在课堂上引入更复杂的阅读内容之前，对艰深的概念和主题有帮助的文本。它们在科学、历史和英国文学等不同科目中都能很好地发挥作用。

学校和教师应该积极寻找、设计、策划和分享这样的阅读清单，从而延展学生阅读的广度和深度，这是学生持续学习、发展的前提。

如何阅读教材

尽管存在不同的形式，教材存在的历史与有组织的教育一样悠久。毫无疑问，在苏美尔人的课堂上，勤奋的教师会将一块块用楔形文字画过的石板存放起来，记录年轻的男孩们学习的知识要求。

尽管技术进步撼动了纸质教材的统治地位，从幻灯片的兴起，到互动式电子文本的技术威胁，纸质教材仍然构成了学校学术阅读的重要组成部分。

长久以来，学生（事实上还包括教师）在面对教材时，多持有被动态度，或不加批判地使用。为此，我们需要确保学生能够自信地驾驭教材的独特结构（以及工作表、小册子或类似的东西），并作为积极的、有策略的读者，妥善地使用教材。

关于如何使用和阅读教材的明确指导，可能会使学生成为更好的读者，帮助他们更好地理解教材中密集呈现的、具有挑战性的信息类文本。想一想下面的策略将如何促进学生采取更有策略的方法阅读教材内容：

- **思考章节标题**。阅读教材的章节列表，思考什么章节是最重要的，为什么？这使学生积极地对教材中的主题进行分类和排序。它可以帮助学生识别教材收录的文本是按时间顺序，还是按概念顺序排列，与过去学习的章节标题相关联。

- **掌握词汇表**。面对课本中的词汇表，向学生提出以下问题：哪3个词是最熟悉的？哪三个词是最不陌生的？这个简单的活动，将促使学生充分激活背景知识，并激发他们的学习兴趣，同时为教师提供有用的反馈。它还能有效地让学生真正地调动词汇表和词汇储备。

- **信心校准**。在面对新的课题时，学生有时可能会过度自信。一个简单易行的方法，是让学生对自己和他们与教材中的每个课题/章节有关的知识进行评分，以便开展班级讨论和质询。

- **提出20个与课文相关的问题**。给出一个新的章节或由教材规定的主题，让学生提出尽可能多的问题。这有助于激活学生先期储备的知识，学生提出问题的质量，揭示了他们知道什么，他们对什么感兴趣以及更多的有用信息。这些问题还提供了一个参照的工具，用来考查学生的进步情况。

- **寻找5个关键的文本特征**。要求学生迅速浏览文本，并列出作者所使用的5个关键的文本特征。这一策略为教师提供了强化学生对文本结构理解程度的机会。

这些课堂教学方法可以帮助学生理解教材中常见的结构和组织框架，从而缩小自信、有策略的读者与缺乏自信、阅读水平较差的读者之间的差距，同时将阅读文本特征明确化，如教材如何按顺序组织知识，突出帮助阅读理解的重要信息，如词汇表、图表、嵌入式任务等。

具体来说，教师可以看到学生在面对英国普通中等教育考试规定的化学课本时所面临的一直存在的挑战（如图6.1）。

很明显，那些以“像科学家一样阅读”为目标的中学生，必须处理好科学知识的呈现方式这一独特的特点，而低年级的学生可能做不到这一点。例如，碳可以用不同的方式来表示：

$$碳 = C = [He]\ 2s^2 2p^2$$

不仅如此，学生还需要知道，碳是一种非金属元素，人体中含有大约20%的碳，以及碳可能以不同的形式存在，如石墨、钻石和石墨烯等。科学文本中没有明确提供的大量背景知识，往往需要学生自己在课后通过阅读补充。事实上，当面对这些科普性文本时，高年级学生所面对的学术语言，可能会像钻石晶体结构中的碳原子一样密集。

通过为学生解读教材中密集的、通常是隐藏式的文本结构，教师可以帮助他们成为积极的、有策略的读者。然后，他们就可以开始“在阅读中学习”，发展取得学业成功所需的丰富知识。

● 像……一样阅读……

露西·沃斯利（Lucy Worsley）、戴维·奥卢索加（David Olusoga）教授和玛丽·贝尔德（Mary Beard）教授之间有何共同之处？

这几位教授除了是受人尊敬的历史学家外，还共同承担着为电视观众精心制作历史纪录片的任务。当他们拿起一本历史书时，就会站在历史学家的立场阅读。他们会像小学生比较和对比伊丽莎白一世和伊丽莎白二世女王的统治那样，追寻历史随时间变化的模式和因果关系。他们使用的语言，通常会比小学生的语言更复杂——语言的难度差异，也明显地显

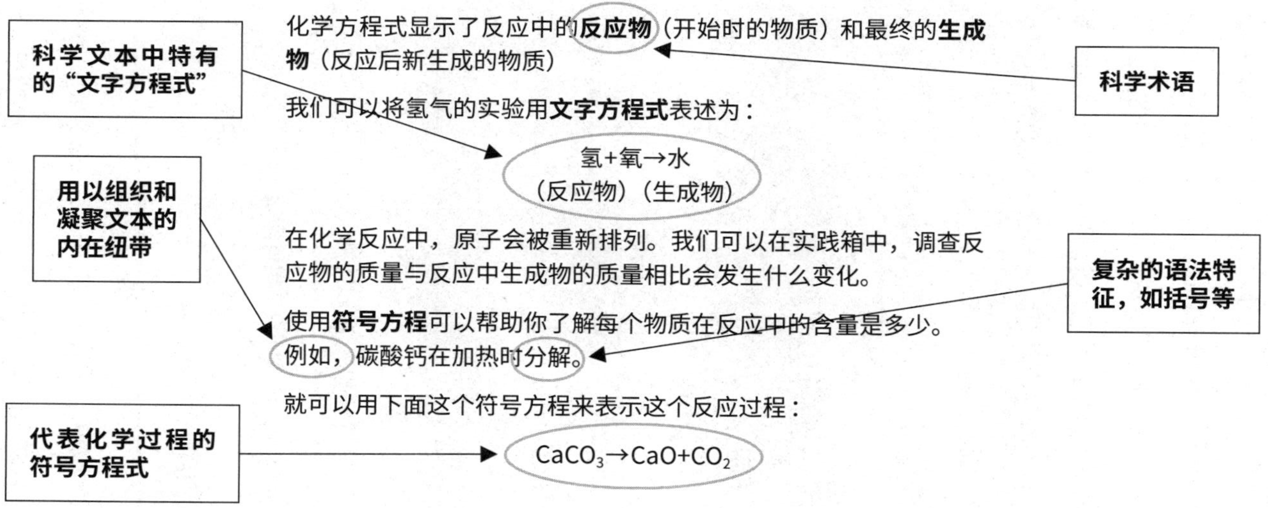

图6.1 英国普通中等教育证书化学教材，主编：劳威·瑞安（Lawie Ryan）

示出新手阅读者和专业阅读者的差异，但作为历史学家的镜头，是一种共同的立场和一种独特的阅读和思考方式。

我们可以将特定学科的阅读视角应用于每个子领域。通过结合一般的阅读策略，如理解性监测和推理，以及特定主题的阅读策略，如历史学家的来源和证实，我们就能够“像历史学家一样阅读”。当然，我们的阅读方式也会与我们掌握的背景知识相结合（如图6.2）。

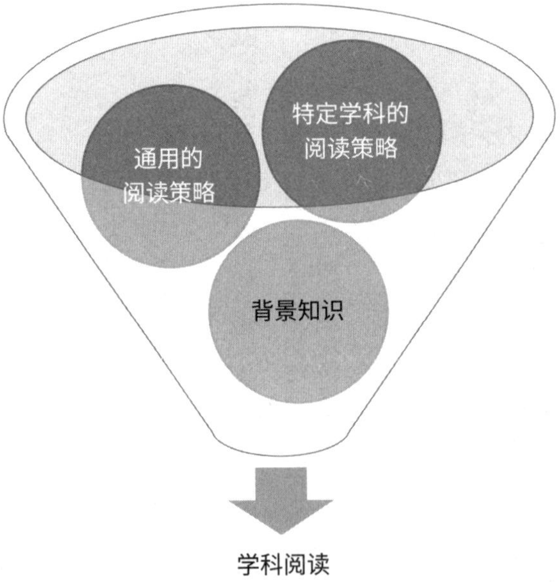

图 6.2　学科阅读

数学学科的阅读方法

我们很少将数学学科与阅读联系到一起。事实上，传统的阅读概念似乎与数学教师的实际工作相冲突，因为它很少依赖词语、句子和本书中主要描述的扩展阅读行为。然而，我们知道，读懂数学是困难且重要的。

阅读独特的数学语言的难度，甚至被描述为等同于“阅读托尔斯泰（Tolstoy）的作品《安娜·卡列尼娜》（*Anna Karenina*）的俄文原版”。的确，数学文本中的“每个单词、每个句子、每个段落包含的概念、意义比其他学科都多”。鉴于数学文本中使用的一半以上的词汇在其他非数学文本中使用的频率并不高，因而其他课程领域的学习并不一定能够帮助学生理解数学文本。

读懂数学题给学生带来了多种问题和潜在的障碍。学生可以拥有很强的数字逻辑和算法技能，但同时他们还必须破译文字表述的问题将文字转化为运算。如果学生对自己的数学知识不自信，在阅读题目的文字时他们可能会遇到多方面的挑战：

● 学生可能会发现匹配文本和图形的理解很困难。

● 学生可能会发现数学词汇很难，因为有些词仅在数学领域中才有具体的含义（如等腰三角形），而其他词可能有着非常广泛的通用性，但在数学领域中却有不同的含义（如素数、因子）。

● 学生必须通过理解文字的词语，来找到对应的数学符号，因此“增加”“正”“加上”和“更多”都可以用来表示数学符号“+”。

● 小学生很容易混淆相关的数学术语，如分母和分子。

考虑到阅读数学科目的表述时可能遇到许多微妙的、近乎隐藏的理解障碍，我们必须确保学生实现精准的理解。只有当学生掌握了深厚的数学背景知识，并证明自己是严谨的、细致的阅读者，才能真正解决理解错误的问题，并确保正确理解题目的相关专业表述。反复的重读可能被证明是一个关键的数学阅读策略。在学生阅读和反复重读一个数学问题时，他们正在努力理解相关术语，筛选出重要的意义，并忽略与问题无关的内容。

教师可以引导学生采用“扫描、步骤和确定”的三步阅读法重读。第一步——“扫描”——学生快速浏览数学问题中的词语和句子，找出可能表示运算的关键词（如“减少”和“更少”可能表示减法）。然后，在第二次阅读时，学生寻找问题中的“步骤”，一个数学问题可能包含多个步骤，做笔记或使用图表，将有助于第二个步骤的操作。最后，他们再次阅读以“确定”理解，并以发现和纠正理解错误为目标进行审查式阅读。

历史学科的阅读方法

在一个“假新闻”泛滥的时代，教学生“像历史学家一样阅读”，可能是教师能提供的最好的一个应对之法。有了类似历史学家的中立、客观、以调查为主导、检查事实的立场，我们提出了一种在这个信息丰富的时代所需的阅读方法，但研究也证明，只有极少数人掌握了这种正确的阅读方法。

对于我们课堂上的学生来说，历史学家的阅读立场和角色是明确的。历史学家们阅读一系列文本的目的是发展“时期敏感性”，也就是说，对过去的某个历史时期形成一个丰富的心理模型，认识到历史随时间变化和连续性的模式。勒威格（Leverque）所描述的将历史视为一连串互不相干的事实和时间表的简单概念——或“记忆历史”——应该由阅读扩展的历史学术和资料取代，以理性地重建、审视和解释丰富的历史叙事。

这个立场就要求我们关注阅读的行为，而历史学家们采用了一些独特的阅读策略：

- **寻源**。学生思考资料来源的作者和创作条件，**提出以下问题，如：资料由谁而写？他们想传达什么信息？隐含的信息是什么？明确的信息是什么？**
- **梳理背景**。学生将资料放在时间和地点的大背景下审视，寻求了解社会和政治力量对文本的影响，**提出以下问题：谁是该文本的目标受众？**
- **证实**。然后，学生用一系列相关资料来证实资料来源，以获得必要的"时代敏感性"，**提出以下问题：与其他资料相比，该资料来源的可靠性如何？**

以历史学家身份阅读的学生，对历史领域的语言变得敏感。历史学家的表述都是相对客观而中立的，充满了试探性，经常使用类似"可能""可以"等情态动词。对历史学家很重要的具体概念——如历史的变革和传承——会经常使用一系列熟悉的术语，如"恢复""保持""颠覆""平行"和"重建"等。

要获得对历史学源头工作的必要敏感度，需要尽早开始。这需要大量的阅读历史学术著作的实践，以了解如何像一个历史学家一样阅读，但同样，这需要明确的阅读教学，确保作为新手读者的学生明确了解历史文本隐含的文本模式和阅读策略。

语言学科的阅读方法

语言学习的课堂是学生发生阅读行为的主要地点。小学英语阅读课被视为策略性阅读行为的重点；在中学英语课，教师通常在教授英语文学时会专注于开展“精读”教学（对意义层次的仔细、精确的探索）。精读的素材从短篇节选到扩展类文学文本。

即使在英语领域，我们如何阅读和为什么阅读的概念也是多变、有争议的。随着时间的推移，文学阅读已经形成了一个繁荣的儿童文学分支，而学术界则循环往复地研究各种批评理论和方法，有效地以一种特定的立场分析一部文学作品。

有一部分得到公认的文学批评观点，比其他观点更容易在课堂上扎根，如“读者反应理论”。这个理论认为，读者的情感和心理反应才是至关重要的，为此该理论声称“文学等于书加读者”。当我们为阅读布莱克（Blake）的《伦敦》（*London*）而写一首诗时，我们正在唤起“读者反应理论”的批判性视角。研究人员对低龄读者如何阅读小说进行了研究，普罗特罗夫（Protherough）对儿童理解文学文本的5种方式进行了分类：

1. 投射到一个人物身上。
2. 投射到情景中。
3. 书和读者之间的联系。
4. 远距离的观察者。
5. 独立的评价。

我们可以看到这些不同的立场/角色，在阅读小说时，如果学生的任务是对所读的文本进行文学创作，我们可以看到1、2和3在隐约发挥作用；而4和5更符合分析性文章的回应。学生可以从理解这些不同的关键角色，以及我们如何以不同的方式参与阅读小说中受益。

在进行英语阅读时，我们并不像在科学及数学文本中那样寻找逻辑，而是在寻找模糊性，即在阅读文学作品时避免单一观点的解释。这对新手读者来说是一种冲击，他们可能满足于获得单一的含义或理解，而不会想到要多角度的深入阐述。对于没有阅读过大量文学作品的学生来说，文学作品中反复出现的隐喻、主题和象征主义模式，可能会让他们感到陌生，所以阅读质量与阅读经验非常重要。此外，我们也应帮助学生总结伟大文学作品的深层结构与完整心理模式。无论是按体裁设计的模式，如克里斯托弗·布克（Christopher Booker）的著作《七种基本情节：我们为什么讲故事》（*Seven basic plots: Why we tell stories*）中将故事归类为7种模式，还是普罗普（Propp）所说的人物原型设计，或随时间推移的文学主题。同时，将这些错综复杂的学科阅读模式联系在一起可以为小学及中学的课程计划提供一个值得参考的模型。

现代外语阅读方法

现代外语的学习对学生而言，有着巨大的价值，帮助他们将自己与世界上丰富多样的文化和不同民族联系起来。考虑到即使是中学阶段的学生，也通常缺乏足够的词汇量来进行第二语言的扩展阅读，因此现代外语的阅读并不是核心课程内容，也可以理解。相反，外语的口语和听力在课堂上被置于优先地位。

可以说，在现代外语学习中，“阅读文本往往没有得到充分的利用”。尽管在许多现代外语教学的课堂上都已经开展了很好的实践，但对儿童如何学习阅读的深入了解，可以进一步支持现代外语课堂的教师。要成功地学习第二语言，适当的解码能力同样是至关重要的。但不同点在于，由于其他语言与英语的发音模式不同，英语的解码能力在某种程度上会成为外语学习的一种障碍。因此，现代外语学习同样要解决解码问题，这就要求我们回到阅读的基础理解。

最近，对英国KS3班的研究表明，语音教学可以促进第二语言（法语）的词汇习得。研究人员还建议将语音教学与阅读策略教学结合起来，同时通过在“更短、更简单和更可预测的文本”上使用更具挑战性的阅读来培养学生的学习动机和挑战性。

阅读动机不足是现代外语学习的一个常见问题。学生无一例外地面临着短小、乏味的阅读文章，以及平淡无奇的理解性问题。当然，如“互惠性阅读”等支持更丰富、更扩展的阅读方法的结构，可以使增加第二语言习得动机和积极性的目标更容易实现。

前述关于不同学科阅读方法的内容，只能触及相关学科的表面，而不能完全代表学校课程中所有科目的广度和深度。看到此处，你或许会问：是否有专门针对音乐领域、视觉艺术领域的独特阅读方法？例如，“阅读”绘画和雕塑，以及有关绘画和雕塑的解释性综述的常规阅读。这些都是很重要的问题，值得我们进一步研究、交流、探索。

本章内容概述

- 在学校教育的各个阶段，通过特定的学科视角看待学术阅读是很重要的。通过关注每个学科的独特专业阅读方式，即“学科素养”的一部分。我们可以为学生提供最佳的阅读支持，确保他们在应用常规且有效的通用阅读策略的同时使用特定学科的阅读策略。
- 像“重新阅读”这样的通用阅读策略，适用不同学科，以及学校课程的各个领域，但在数学课程中可能需要教师特别关注学生是否成功地阅读并真正理解术语密集的数学问题。
- 教师可以明确地教授与学科内容相关的不同类型文本的语言特征和阅读策略，如信息类文本、扩展类文本等。
- 各个学科都有独特的阅读方式。如像历史学家一样阅读，可以包括像“寻源”“梳理背景”及“证实”等阅读策略，这些策略是阅读历史类文本的独特策略。

第七章

缩小阅读差距的实用策略

要将学生培养成为优秀的阅读者，应该从何处着手呢？阅读的行为已经渗透到学习的方方面面，无论是在课堂上还是在家庭里，教师和学生每天都在做出关于阅读的无数决定。

显然，阅读很重要，而教师关于阅读的了解和知识也很重要。因此，开始关注我们如何创造一种文化，让阅读成为每个人最看重的事情，也是有意义的做法。这种以阅读为中心的文化的定义是：以阅读为中心、享受阅读、分享阅读、理解阅读，并利用一切可能的机会，进行大量的阅读。

如今，学校图书馆的数量可能也在减少。最近“伟大的学校图书馆”（Great Schools Libraries）活动的调查研究表明，在家境贫寒学生人数占总学生人数比较高的学校，“学生未能享受规定图书馆空间的可能性是普通学校的两倍以上”。在这些因素的共同作用下，在学生的阅读能力方面可能会出现强者更强，而弱者更弱的情况，导致不同学生之间的阅读差距进一步扩大。

在家庭环境中有书可看很重要，在学校里有书可看同样重要，因为对书本的兴趣决定了阅读的行为是否可持续，而持续的阅读行为进一步决定了阅读技能的培养，阅读技能的培养决定了学生对学术课程的参与度和理解程度。这个链条上的每一个环节都很薄弱，需要教师的格外关注。

因此，如果我们要帮助每一个学生健康成长，就需要一系列实用的方法，并在全校范围内协调和实施。

创建全校性阅读文化的实用策略

● **热爱你的图书馆**。虽然财政困难，但优先考虑给学校拨款的行动会比口头的支持更有力。英国学校图书馆的现状，很可能被证明是学校阅读文化没落的一个危险征兆。一个训练有素的图书馆员，在策划最好的小说和非小说、支持研究和帮助教师超越教学课程的阅读范围方面，可以发挥至关重要的作用。不过，在课程发展和图书馆使用之间，需要有综合的思考和全局观，否则我们可能无法最大限度地促进阅读发展。我们应该考虑的问题是：

1. 作为课堂教学的一部分，我们访问图书馆的次数有多少？它是课程发展的一个必不可少的组成部分吗？
2. 教师有多少次亲自示范如何选择阅读材料，并帮助学生选择合适的阅读材料？
3. 我们如何充分利用图书馆的借阅数据和图书馆的空间，来帮助存在阅读障碍或困难的学生?

4. 教室里的阅读角是如何与学校的主图书馆建立联系的?

- **教师应是专业的阅读者。**教师需要表明，阅读是成功学习的基础。因此，教师需要以身作则成为专业的阅读者。大多数小学教师却反对儿童小说及高质量的信息类文本的了解，因此，我们必须支持教师，发展他们对更广泛的阅读来源的知识（一个积极主动的图书馆员可以发挥这个作用），同时也要通过教师自身的快乐阅读和学术阅读，为学生树立榜样。记住，如果学生从来没有真正读过历史学家写的东西，我们怎么能教他们像历史学家那样阅读呢?

- **承担起建设阅读文化的责任。**有效的阅读文化是每个学校领导的工作重点。有效的课程整合需要教师与学科专家合作。当然，这需要充分的计划和大量的时间，如果它没有被列入学校发展的整体计划，则不可能实现。

- **持之以恒地推广阅读。**像“世界读书日”这样的一次性活动可能很有趣，但它们往往不能确保阅读文化的长期持续。我们需要日常的阅读习惯和协调统一的阅读计划。一些引人入胜的阅读活动可以维持学生的阅读兴趣。“项目500”（Project 500）就是一个很好的例子。这个项目以图书馆的杜威十进制科学系统（Dewey Decimal system）命名，鼓励学生阅读科学类书籍。它可以与课程相结合，更具体地挑战学生对阅读信息类文本的错误认识。6年级教师莎蒂·菲利普斯（Sadie Phillips）制作了一个非常有用的“阅读日历”，记录了整个学年中与阅读有关的许多活动。

- **帮助家长养成阅读的习惯。**我们已经认识到家庭环境对培养阅读习惯的重要性，但如何鼓励家长参与对学校来说是一个挑战。为了使每个家长都能支持阅读，学校可以教授一些简单的模式，如PEER模式。

鼓励（Promote）学生讲述一些关于这本书的事情或信息。

评估（Evaluate）学生的回答。

通过重新措辞或补充信息**扩展**（Expand）学生的回答。

重复（Repeat）提示，帮助学生从扩展的信息中学习。

同时，我们可以给父母提供适合孩子不同年龄和阶段的阅读建议，也可以直接为他们提供有效的阅读资源，如一系列适合不同年龄段孩子阅读的素材。

发展快乐阅读和目标阅读的实用策略

- **超越“传统书籍”的狭窄定义**。为快乐而阅读的学生认为自己是读者。不幸的是，如果一些学生阅读了图画小说、网站和类似的东西，他们不会将自己视为“阅读者”，因为阅读的内容，好像不符合“书籍”的传统定义。我们应该纠正这种不当的理解。对于年龄较小的学生来说，科学杂志、报刊都是很好的阅读素材补充。
- **给阅读素材打上难度等级的标签**。无论是教师、图书管理员还是家长，我们都需要确保支持学生做出合适的阅读选择，这是我们一贯的做法，这种支持持续的时间也许比想象中更长。通过提供“有限制的选择”，即学生在我们为其选择的阅读内容之中进行选择，可以帮助学生确定适合自己难度的读物，这对阅读能力较弱的学生来说尤其必要，方法是将标有“简单阅读”和类似标签的文章去掉，代之以“低难度—中等难度—高难度”等难度分级标签。

● **设定阅读目标并实现目标。**还记得第四章中那些带着角色和目标阅读的“买房人”和“窃贼”吗？这种有针对性的阅读，可以提高学生的理解力和记忆力。因此，我们在课堂上可能使用的最有力的词，是一个简单的词：**为什么**。问“我为什么要读这个？”会带来一定程度的自我控制和元认知意识，这很重要。简单地给阅读的目标贴上标签会有帮助，如使用REAL这个缩写词。

检索（Retrieve）：阅读是为了检索特定的信息，回答一个问题等。

享受（Enjoy）：阅读是为了精神的享受和愉悦。

分析（Analyse）：阅读是为了分析意义和挖掘意义的层次。

联结（Link）：通过阅读来联结和/或证实观点和来源，或巩固理解。

另外，用一个“宏观问题”来开启一个话题，可以激发学生的探究心理，可以让学生把他们知道的东西集中起来，同时激发他们对将要阅读的东西的兴趣。

● **监测阅读动机。**学生阅读，或拒绝阅读，有多种原因。当然，我们能支持的阅读越多越好。教师首先需要了解学生的阅读动机。阅读动机调查表（MRQ）是一个非常有用的工具，可以看出是什么推动了学生的阅读。我们知道，动机是由学生对他们所读的东西的感兴趣程度来决定的（即使是非常难读的文章，也会有学生充满兴趣），所以将阅读与他们的兴趣联系起来真的很重要。

进行有效全班阅读的实用策略

在学校的每一天，教师几乎都要为班上的学生做出各种各样的阅读决策。事实上，这就是教师工作的常规内容，以至于我们很多时候可以不假思索地做出类似的决定。那么，教师如何才能在课堂上对如何带着学生一起阅读做出明智的选择呢？

我们可以从定义不同的方法和批评性地评估它们的影响开始。下面的表格探讨了一些常见阅读方法的潜在益处和局限性。

显然，什么是有效的全班阅读，将取决于阅读的目标、阅读的内容，以及学生的阅读能力。

例如，一位4年级教师想为气候变化这个新话题引入一篇具有难度挑战性的信息类文章，其中有颇具难度的词汇和冗长的句子结构，他可能认为“教师引导的全班阅读”是必要的，以确保重点放在理解上。在阅读了同一主题的多篇文章后，教师可能会尝试采用配对阅读的形式，将重点转移到阅读练习和发展诵读的流畅性上。这里的“配对阅读”可以让学生同时阅读多篇文章。教师可以在学生阅读和诵读的过程中，巡视全班的进度，并对学生的流畅性和理解力进行监督。

相反，在10年级法语课上，教师可以发起“诵读”，以巩固学生的流利程度、发音和对旅行和旅游主题重要词汇的熟悉程度。随后可以进行“重复阅读”，进一步打磨诵读的流利程度。最后，运用“个人默读”配合理解性问题，可以巩固学生对该主题的理解，同时向教师提供关于个人回答的反馈。

根据阅读的书籍或文本的不同，选用不同的阅读方法也同样重要。

教师可以采用前面章节提到的“《金发姑娘》难度原则”来处理这个问题。我们经常在课堂上选择明显有难度的阅读文本，恰好挑战了学生的“挫折水平”，督促学生去挑战和拓展自身的知识边界，当然，教师引导的阅读行为总是可以提供支持和帮助。另外，在布置家庭作业或课后作业时，教师可以选择那些被认为更容易理解的文章（还记得第五章中的“阅读难度简易计算表”吗？），尽管仍存在一定的阅读挑战性，但学生在默读的情况下可以独立完成阅读。

	阅读方法描述	**潜在益处**	**潜在局限性**
教师引导的全班阅读	教师以适当的流利程度（速度、表达、重音和语调）进行诵读。通常情况下，在阅读过程中会穿插解释和提问，同时检查学生的词汇理解和监测阅读兴趣等	教师示范流利的专业诵读；可以计划在阅读过程中简明扼要地解释词汇、提出问题，或进行澄清；可以更具体地控制阅读或诵读的任务进度	学生没有机会明确地发展自己的诵读技能或流畅性；学生可能容易分心和被动；熟练程度较低的读者可能难以同时跟随文本和聆听教师的诵读
全班阅读：学生轮流诵读	教师选择一个学生进行诵读（这可以是随机的，也可以是刻意的选择。不同的选择方法，可能产生不同的诵读的结果）	学生可以练习自己的诵读技巧；教师可以评估学生的诵读技巧和流利程度；教师可以更具体地控制任务、选择个人、提出问题等	学生没有机会听到教师流利、专业的朗读；有些学生可能对在同伴面前朗读感到拘谨，妨碍了他们的表现和流畅性；学生没有接触到可能提高他们阅读技能的练习

续表

	阅读方法描述	潜在益处	潜在局限性
全班齐声诵读练习	选择文本中一个合适的段落后，教师跟学生一起齐声诵读。相应的，借鉴自宗教吟唱仪式的“轮流诵读”意味着教师可以将全班学生分成两个或多个小组，每个小组负责诵读文本的不同段落内容	学生都可以练习诵读的技巧；学生可以培养以适当的节奏和语音语调诵读的技巧；诵读能力欠缺的学生也可以发展自身的诵读自信和流利程度，因为在小组集体诵读中，他们的羞怯程度得以降低	但仍有学生可能会羞于以小组成员的形式在全班同学面前诵读，并可能导致诵读训练的机会变少；在小组活动中，部分学生有可能走神，不积极参与，或没有真正跟着开口诵读；此外，对诵读表现的关注，可能会导致内容理解的偏离
两人一组的诵读练习	教师将学生分成两人一组，学生给彼此诵读。学生可以每段轮流一次，或每页轮流一次	学生都可以锻炼诵读技巧；诵读技能有欠缺的学生也可以培养自信和流畅度；学生被分配了明确的角色和诵读目标；学生共同承担了彼此监督的责任；教师可以实时了解和监控学生的诵读技巧和流畅度	学生没有机会听到来自教师的专业、流畅的诵读示范；在两人一组的小组活动中，学生很容易分心；过于关注小组搭档的诵读表现，可能会导致学生忽略了对文本意义的理解
反复诵读练习	反复诵读练习的方法，通常用在非常年幼的学生身上，但同时也适用于更高年级的学生，这是一个有效强化理解的方法；反复诵读的过程通常在教师指导下进行，如第二遍诵读需要明确地找出地理文本中一个因果关系结构的支撑证据	学生能够训练阅读的技巧；有证据表明，反复阅读有助于加强理解（尤其是第一遍阅读由教师或辅助音视频示范的情况下）；阅读能力欠缺的学生能够发展诵读的信心和流畅度；教师可以评估学生的诵读技巧和流畅度	学生没有机会听到来自教师的专业、流畅的诵读示范；因为没有理解反复诵读练习的意义和价值，学生很可能在练习过程中分心或消极应对；这个练习需要更多的课堂时间，并有可能打乱整体的课程计划和安排；部分学生可能缺乏相应的策略，无法从反复诵读中受益，如不能在反复诵读的过程中找出有特殊意义的词汇

续表

	阅读方法描述	潜在益处	潜在局限性
学生独自默读	学生独自默读	学生能够锻炼阅读的技巧；阅读技能欠缺的学生，能够在不与同伴互动的情况下，发展阅读的信心和流畅度；教师能够一对一地评估学生的阅读技巧和流畅度	学生没有机会听到来自教师的专业、流畅的诵读示范；对于流畅阅读能力较低的学生而言，独自默读可能是一项很有挑战性的任务；部分学生可能缺乏监测自身理解水平的阅读策略，如不能自主地反复阅读或检索关键的特殊意义词汇；学生可能很容易分心或走神，或消极应对

在英语学校中，有许多发展独立阅读的常见方法。例如：

- **放弃一切，只为阅读。**
- **持续默读。**
- **每个人都在课堂上阅读。**
- **参与、阅读、回应。**
- **自由且不间断地阅读。**

以前述缩略词呈现的阅读方法，使校内的独立阅读十分普及，但实践也证明，这些方法有着本质的不同，如参与、阅读、回应更多应用于参与/限制时间内的阅读活动，表现为学生集体阅读简短的信息类文章，并提出明确的理解性问题，而自由且不间断地阅读则假定学生可以选择阅读的素材，如果他们需要回答理解性相关问题，这些问题的种类和数量也十分有限。

考虑到课堂时间很宝贵，我们应该批判性地评估和使用前述阅读策略和技巧。关于持续性默读的相关研究证据，可以证明这个策略对学生的影响是多变的，“虽然默读可能带来其他积极的结果，如帮助学生以有条不紊的方式开启一天的学习，但对默读计划的总体评估显示，默读对学生成绩和动机的影响并非总是积极的”。这并不是说持续性默读不能构成全校阅读文化的一个有价值成分，它可以为培养学生的阅读能力提供一个很好的载体，但我们应该问一问我们的阅读目标是什么，以及学生需要哪些支持因素，以便更好地利用这段时间。我们需要考虑的问题包括：

- 学生如何选择阅读文本？
- 教师是否应该提供明确的支持，帮助学生选择文本（或者只为阅读能力较弱的学生提供）？
- 教师应该在学生阅读的过程中监测他们的理解力，还是在他们阅读后提出问题，以明确地促进理解力的监测？
- 教师如何在这段阅读时间内为阅读能力最弱的学生提供支持（如提供小组或一对一的支持）？
- 教师是否应该在这段阅读时间内明确地提供具体的阅读策略？
- 什么样的全班诵读策略能够最好地利用这一阅读时间（如配对阅读）为学生提供阅读支持？
- 这段阅读时间是否应与课程发展同步（如阅读与课程正在研究的特定主题相关的信息类、小说类文章）？
- 教师如何监测持续性默读对学生的阅读动机和能力的持续影响？

然后，我们再来看看使有效的全班阅读方法发挥作用的具体学科差异。有时，教师会基于个人的习惯选择特定的阅读策略，有时候特定策略被选择是因为教师对它们更熟悉。最近对英国中学英语课堂的研究表明，以较快的速度阅读课文，甚至是复杂的、长篇的小说可以能够帮助阅读能力较弱的学生实现更好的理解，而不是想象中的，以较慢的、涉及大量精细活动的循序渐进的方式进行阅读。那么，这种“只要诵读给学生听就行”的阅读方法，是否适用于生物学科中，某一篇关于疾病的文章呢？答案是否定的。因此，教师需要根据具体学科的不同需求，探讨应该使用什么样的阅读策略，而教师关于阅读策略的判断和选择应该基于对阅读科学的深入了解和研究。

提升诵读流畅性的实用策略

- **反复诵读：**重复性诵读的策略，是一种提升流畅性的好方法，尤其是与一个优秀的诵读榜样，或与教师、助教一对一地进行反复诵读。研究表明，教师或助教应该反馈学生的单词错误（如果一个学生犹豫了3秒钟，那么就示范单词的发音，并让学生重复一遍）；否则，重复诵读实际上就是在重复错误，直到它们成为一种错误的习惯。
- **诵读+谈话：**这种以教师为主导的方法，是另一种针对存在诵读困难的学生的一对一的指导方法，即由诵读方面的专家读一段话，学生快速跟读。然后通过一对一的对话，反馈诵读的“自然”和“仿佛对话一般”的程度，以及速度、短语、流畅度、表情和音量（参考第三章的“多维流畅测评表”）。
- **回声诵读：**是教师诵读一个简短的段落，为学生提供专家示范，然后学生通过诵读同样的段落来进行“呼应”的训练方法。
- **句子拆分诵读：**许多缺乏诵读流畅性的学生，不会利用作者提供的微妙线索，如在句子中使用标点符号来分割句子，或注意到那些意在作为一个意群单元诵读，而不是单独的单词诵读的短语。与学生进行一些快速的一对一的诵读练习，可以将重点放在有意义的短语上并注意句子中的模式和标点符号。

- **诵读+录音：**将学生的诵读录音，然后回放，通过与学生对话，提供另一种仔细思考的方法。有了这样的录音，教师可以非常精确地回放错误，并建议什么时候可以把单词读成更好的短语等。一开始可以请学生自行诵读、录音和回听录音，这提供了一个安全的方法，帮助学生练习诵读。

- **小组交替诵读：**教师可以将学生分成小组，学生以小组为单位，交替诵读一段话的句子，或重复对方的句子。完成诵读之后，学生可以进行批判性反思（“谁读得最好，为什么？”），并进行正确的反馈。

- **同伴辅导：**这种常见的策略通常是跨年龄组的，并通常在课后进行。它可以让诵读能力较强的同龄人倾听低年级学生的诵读，并提供纠正性反馈。为了最大限度地发挥这一策略的作用，作为辅导人员的学生，很可能接受过有关方法的培训（事实上，他们可能和受训者一样在参与中受益）。

培养战略性阅读者的实用策略

- **“3，2，1”阅读法。**策略性阅读者会不断质疑、评估和联系他们所读的内容。通过这种策略，教师可以鼓励学生找出3个基本点来考虑、联系和记忆；2个关键词汇来了解、使用和记忆；最后，通过1个大概念来理解、解释和记忆。在这样做的过程中，他们总结并提炼出自己的理解。

- **分段总结法**。身为阅读者，学生的做法有时候会偏离教师的预期，阅读专家通常会停顿和思考，并在脑海中或在笔记中总结他们所读内容的要点。关键在于，读者知道的越多，就越能自由地放慢、停止和建立联系。对于阅读新手而言，我们要训练他们采取常规的策略，即停下来、思考、解码的阅读模式。在一章或一段长篇文字之后，教师可以要求学生用一个主题句进行总结，每个主题句最多包含3个要点，句子的结尾部分是“我需要记住……”

- **6个关键词总结阅读法**。正如记录亨利八世的妻子们的悲惨命运的儿歌中所写的“离婚、砍头、死亡、离婚、砍头、幸存”，教师可要求学生将阅读的内容总结为6个易于记忆的词语。

- **高质量的讨论**。讨论有助于提升学生的阅读理解能力。在讨论时，教师可以用简单的句子作为开场白，并使其成为惯例，确保学生战略性地阐述他们所知道的信息，例如：

  - 你对……有什么看法？
  - 你是怎么知道的？
  - 你的证据是什么？
  - 你对……有什么疑问？
  - 如何总结你对……的理解？

  教师可以要求学生在一对一讨论之前做好预习或准备，使学生能够更好地构思其回答，从而推动全班开展高质量的讨论与对话。

- **自我解释阅读法**。解释自己的想法（自我解释）这一简单的行为——也就是所谓的“有声的思考”——可以对自身的理解产生重大影响。它支持学生构建对所读内容的最重要的心理模型，并可能只需要一些结构化的提示问题，如时间参数（如“只需一分钟”），要求使用清晰的话语标记（如第一……第二……进一步……对比……结论）以提示逻辑的转折。同时，教师需要明确地提出期望超越转述和产生新的想法的愿景。

● **提出大问题**。建立一个关于所读内容的心理模型可以从教师提出一个大问题开始，以鼓励学生在他们所读的内容中寻求一致性并建立联系。在食品技术方面，教师可以问“食物对环境有多重要？”，以此激发学生的背景知识，但关键是使学生能够将相关的问题和议题结合起来，如食物来源的可持续性、食物浪费等。这是一个简单的策略，可以极大地提高阅读动机，并使学生成为更具战略性的读者。

● **专注于内容的联系**。艾丹·钱伯斯（Aidan Chambers）认为，当我们阅读时，“我们不断地寻找联系，寻找一件事和另一件事之间的关系模式”。随着学生变成更有策略的读者，这种联系似乎变得很“自然”。我们可以通过反复询问“这与我们已知的有什么联系？”，来培养学生寻找和建立联系的意识和能力。只要稍加训练，我们就可以在课堂对话中，引导学生根据阅读内容展开丰富的推理和关联。

● **建立学习小组**。以“学习小组”的形式合作阅读可以让学生同时获得多样的阅读训练。如在计算机科学课中，可以在阅读前为一个小组的学生提供一系列的问题，然后，他们可以交换各自的解决方案，并进行批判性评价。在政治课中，如果学生需要学习一份政治宣言，教师可以给学生布置不同页码的阅读内容，然后请学生分别总结他们的章节内容并分享见解。

● **概括、分析、综合、阐述**。还记得我们在第二章中提到的中世纪的学者吗？他们反复阅读神圣的文本，有一读、二读和三读。这样的精读在今天仍然是学术性阅读的主要方式。我们可以用渐进的“概括、分析、综合、阐述”来指导学生的学术性阅读。第一遍阅读确定文本的要点；第二遍阅读进行更深入的分析，确保理解并做出推论；第三遍阅读通过总结文本，并将其与其他思想、主题或文本联系起来，综合主要观点；最后，教师可以要求学生阐述文本中出现的观点，并将其与其他阅读联系起来。如4年级的学生在读一首诗的时候，可能会首先找到关键词，并检查自己是否理解全部的单词和意象。然后，再分析意象的模式和诗人提出的想法和情感。之后，学生会综合分析主要观点和诗歌风格。最后，学生通过对比和分析，将这首诗与其他诗歌、流派和文学主题联系起来。

刺激学生高质量提问的实用策略

在课堂上鼓励学生进行高质量的提问，可能是促进提高学生阅读能力的战略思考最重要的方法。通过不遗余力地支持、构建和模拟问题，并将其纳入课堂阅读的过程，教师可以在阅读的每个阶段帮助学生，不管是在阅读之前、期间和之后。

- **问题的分类**。对教师来说，首先要考虑什么类型的问题能够支持学生阅读能力的发展，或激励学生对他们所读内容做出符合教师预期的推断。安吉洛·卡迪耶罗（Angelo Cardiello）提供了一个非常方便的问题类型的分类，如下表所示。

问题类型	问题的定义	示例
记忆型问题	谁、什么、何时以及何处？这些都是关于名称和定义的问题	重力是什么？ 谁发明了灯泡？ 特拉法尔加战争发生在什么地方？
聚合思维型问题	为什么、如何以及以什么方式？这些问题解释并表明了逻辑关系/因果关系等	引起气候变化的原因有哪些？ 火山为什么会喷发？以什么样的方式喷发？ 20世纪60年代的美国，种族隔离与种族主义有何关联？
发散思维型问题	想象、预测、如果……则……这些问题都是假设、预测和推论型问题	关于全球温度上升的影响，你可以做出什么未来的预测？ 是什么原因造成了哈姆雷特尤为压抑的精神状态？ 如果甘地没有领导印度人民反抗英国殖民者对盐的控制，那么印度人民的生活会是什么样？
评估思考型问题	判断、证明你的立场……这些问题帮助学生提出论点并为自身的观点和立场辩护	毒品是否应该合法化？ 为什么人们喜欢居住在市区？ 如果纳粹德国没有在二战中战败，那么英国的生活和命运是否会发生变化？

我们可以利用这些不同类型的问题，来模拟、记录和监测学生在阅读一系列学科文本中遭遇的问题。

- **向作者提问。**文化素养教育专家伊莎贝尔·贝克（Isabel Beck）和玛格丽特·麦基翁（Margaret McKeown）设计了一个模型，来帮助学生提出高质量的问题，从而提高学生在精读课堂的参与度。这个方法要求学生提出关于特定文本的问题，并要求学生详细阐述作者的写作目的，如你认为，为什么作者会选择使用这些词汇……？关于……的困难，作者想表达什么？贝克和麦基翁列出了在课堂使用这种方法的3个关键步骤，为教师提供了很大的帮助：

1. **确定文本中需要理解的主要方面，**以及可能出现的潜在错误概念。
2. **拆分文本**。教师应有意识地拆分课文的内容，以便能够时不时地检查学生的理解情况。
3. **提出疑问以巩固理解**。如在阅读一篇文章之前，确定停顿点和问题提示，以启发学生讨论。

- **自我提问法**。自我提问是培养成功的、有策略的读者的有效方法。这个行之有效的方法要求教师不断促进积极的阅读和对问题的示范，因为阅读专家可以在阅读时习惯性地、近乎即时地提问。教师通过在阅读过程中的大声示范，可以支持和鼓励学生的自我提问，然后再直接向学生提出这些问题。随着时间的推移，这些问题可以被我们的学生内化，并养成自我提问的习惯。我们可以使用谁、什么、什么时候、哪里和为什么等问题作为提示，或者将卡迪耶罗的问题类型作为参考结构。

- **“为什么”问题的力量**。确保学生深入专注于所读内容的一个方法，是提出“为什么”的问题，以确保学生探究自身的基础知识，建立联系和详细推论。即使是对“为什么”问题的错误回答也能促进学生的学习。在阅读前提出的“为什么”问题，可以帮助学生更好地关注阅读的作用和目标。

- **苏格拉底式讨论圈**。讨论圈提供了一个结构化的小组模式，以促进高质量的提问和对话。这种模式包括“内圈”讨论、“外圈”倾听和制定问题，为延展精心设计的问题提供了空间。这一在线资源为围绕阅读文本，发展苏格拉底式讨论圈子提供了一个清晰的结构。

写作与阅读相结合的实用策略

阅读和写作是密不可分的学习过程。研究表明要求学生结合阅读内容进行写作，可以提高阅读理解能力，因而我们应该尝试以写作与阅读相结合的方式进行教学，提升学生的综合读写能力。

- **列表、分组、标注**。这种成熟的读写策略，能够支持学生记录和组织他们对文本中关键词汇和信息的理解。首先，选择一个在阅读中已经出现的，或将要出现的话题/主题。接着让学生列出尽可能多的，与该话题/主题相关的词汇和观点。然后把这些词和观点归纳为不同的子类别，决定这些分类的最佳标签。这种策略可以帮助学生统筹阅读前的准备知识，产生有规律的讨论，并促使学生进行战略性的阅读。

- **纵观全局**。还记得第四章中的“全局推论”吗？它们是学生在将单词、句子和观点与整个文本的“整体”结构相联系时做出的推断。学生可以从教师明确示范的这一过程中获益，然后再内化这一策略。只需选择一个词、短语、句子、段落或章节——调动暗示了全局的信息，然后写出从微观例子到文本宏观结构的更广泛联系。如在阅读地理课文时，探讨亚马孙地区火灾的段落，可以与更广泛的环境、经济、政治讨论联系起来。

- **专家式核对清单**。有些人可能会嘲讽地将核对清单称为提炼写作的简单化方式。然而，外科医生及战斗机飞行员等专家必须进行的核对清单工作同样适用于教师，我们也应该考虑将核对清单用于阅读。在阅读一篇文章时，通过使用专家式核对清单，我们可以记录文章中的重要信息，从而用学科的专业知识进行阅读。如一位历史学家在阅读一本书中的某一章节时，可以用一个核对清单来记住“证实”来源或“背景”证据。

● **带标题的总结。**总结文本被证明是有效提高阅读理解能力的久经考验的策略。通过模拟选择关键信息并删除琐碎的信息，如在英国中等普通教育证书考试的体育教材的章节中，教师通过示范如何创建简洁的总结，并确定适当的标题，最终帮助学生筛选出关键信息，并剔除无关紧要的信息，学生也可以提炼出他们所读内容的要点，从而对文本进行深度思考。

● **记笔记。“选择、总结、提问”。**记笔记作为一种处理、组织和记录我们对所读内容的思考的方法已被广泛推广。但是，这种记笔记的方法往往没有得到一致的示范或结构化，因此即使是熟练的读者也不能最大限度地发挥记笔记的好处。教师应该明确地给学生示范记笔记的方法，比如“康奈尔笔记法”等，在笔记中加入总结性问题也有助于学生检索、参考笔记。

支持阅读能力发展的词汇教学

毋庸置疑，词汇知识对阅读的成功起到了关键作用。因此，词汇教学应该在阅读教学方法中占据重要地位。以下是有助于在阅读前、阅读中和阅读后突出词汇重要性的策略。

● **讨论、尝试、测试。**通过学校课程中有针对性的词汇教学安排，我们可以让学生频繁地接触新的学术词汇，并累积相关学术词汇。通过对课文中重要词汇的多次接触，我们能够帮助学生确保阅读理解。“讨论、尝试、测试”的词汇教学法，强调了学生对关键词汇的反复接触（便于课程规划）。

接触1：教师/学生**谈论**这个词。

接触2：回到这个词，让学生**尝试**并在他们的谈话/写作中使用它。

接触3：**测试**学生对这个词的认识。

- **词汇书签**。用于阅读信息类文本、教材，小说，以帮助记录关键词汇。这是一个用途广泛而多样的词汇记忆方法。你可以在书签的每一面加上不同的标题或颜色，如红色代表你需要进一步了解的难懂的词，绿色代表重要词汇或你想在写作中使用的词汇等。你还可以选择有趣的词汇、纪律性词汇、易混淆的词汇等标签。

- **词网**。词网是一种简单的笔记形式，它主要用于帮助我们识别重要的词汇，并将相关的词汇或观点以相互连接的网络形式进行分组/分类。这些重要词汇的图形表示，可以为我们提供一个结构来探索单词的含义、定义以及难忘的单词的词源和单词的构成等。

- **习语识别**。课程阅读内容涉及的学术语言包括大量的习语，对许多学生来说，这些习语被证明是他们很难破译的隐藏密码。教师需要帮助学生识别习语，以便学生在阅读时不会误解其含义。如“魔鬼的代言人”这样的习语有可能出现在正式的学术文章中，所以我们需要识别它们的存在并探索其含义。

在考虑不同的实践策略能够带来多大用处或多有趣时，我们需要考虑这样一个现实：伟大新想法往往会在课堂教学的熔炉中湮灭。因此，我们需要考虑的是，如何在我们现有的课堂教学方法工具箱中选择、优先考虑和实施适合自己的策略。同时，对于阅读教学而言，语境很重要。如果我们正在给5年级的学生讲授一个新的、有挑战性的科学课题，如力的物理学理论，我们需要考虑应与学生阅读哪些背景知识、信息类文本、拓展类文本，应如何阅读，以及我们如何在这一过程中指导学生有策略地阅读。

第八章
后续步骤

我决定和丽贝卡谈谈。

就在学校的图书馆里，我坐在丽贝卡对面。在一个漫长的秋日结束时（对我们俩而言，这一天的确显得很漫长），我试图激发她的动力，催促她尽最大努力补上错过的阅读。

丽贝卡斜靠在桌子上，一动不动，只剩下了习惯性地拉扯着校服毛衣的破损袖口。她对我的紧迫感和热情无动于衷，“但是老师，我讨厌阅读！”每当听到这句熟悉的话，往往会引发我精心排练过千万遍的反驳。然而，当我尝试体会丽贝卡真实的感受，我没有机械地重复阅读的重要性，以及阅读能为我们的生活打开许多大门的俗套剧本。

对丽贝卡来说，“我讨厌阅读”是以一种诚实、直接、充满愤怒的方式进行控诉，这种愤怒太常见了，但这并不是因为丽贝卡是一个懒惰的学生。每一天，丽贝卡来到学校，在与阅读斗争的过程中，她会遭受无数次看似微不足道的挫折和挫败。每个章节、工作表、教师的解释和课堂辩论，都会提醒丽贝卡，这是一场艰苦的战斗。每一次，她都会经历挣扎、质疑、忘记的阅读过程，但却无人注意。

随着时间的推移，由于体会不到任何成功的喜悦，丽贝卡对学校和阅读的态度会变得很冷漠，最终导致彻底的失望和放弃。我的热情无法弥补丽贝卡遭受的伤害，也无法让她掌握必要的阅读技巧，使阅读变得轻松、自然或愉快。于是，我省去了那些陈词滥调，放弃了强调阅读重要性的说教，当全班的孩子四散在学校图书馆里安静地阅读时，我开始给丽贝卡读书，就像在睡前给我自己的孩子读书一样，她坐在那里，脑袋还是一动不动，但我感觉到她竖起的耳朵。

几分钟后，丽贝卡自己坐直了身子，她的手一下子从抓着袖口的地方松开了，她打开书，开始跟着我读。

缩小阅读差距的重要性

教师所做的大多数事情都很重要，但阅读教学，无论是教授学生词汇的含义，还是支持青少年阅读复杂的文本都是其中最重要的。

如果像丽贝卡这样的学生，不能流利地、有知识地和有策略地阅读，哪怕我们设计了最好的、最丰富的课程，他们也将无法参与这些课程并从中受益。对于那些在小学毕业时阅读能力没有达到“预期标准”的四分之一的学生，如果他们不能够在学习期间迅速地提升阅读的技能和水平，那么我们可以预测到他们的过去的阅读经历必然充满了挣扎与挫败，他们未来获得成功的希望也十分渺茫。

著名儿童文学作家凯瑟琳·伦德尔（Katherine Rundell）说过一个永恒的真理："书籍为你打开了世界的大门，你读的每一本书，都让你思考得更深、想象得更远。"无论是丰富我们想象力虚构的世界，还是让我们进入一个强大的知识世界的信息类的文本，通过提供种类丰富的阅读素材，教师都有能力帮助学生打开奇妙世界的大门。

对每一位教师来说，用新的眼光看待阅读变得非常重要，我们需要认识到它给每个学生带来的挑战、障碍和机会，以及它丰富我们生活的巨大潜力。作为学校游戏的赢家，教师很容易对与阅读有关的问题视而不见，或期望其他学校工作人员出手解决这些问题。当存在阅读障碍或在理解方面有困难的学生缺乏阅读的信心时，教师倾向于把问题转给特殊教育需要协调员等。

正如本书所揭示的那样，教师群体缺少对阅读科学、阅读发展、阅读障碍的了解。因此，我们处理问题和最大限度地利用机会的能力也受到影响。因此，导致学生存在阅读差距的另一个关键因素，是教师的阅读知识的欠缺。在我个人长达15年的教学生涯中，我对儿童如何进行有效阅读，以及什么样的阅读教学方法最有效的认识都依赖于个人阅读和专门针对这一问题的极少的培训。

对教师来说，得到阅读教学的时间与专业知识的支持十分重要。只有这样，我们才能更好地进行阅读教学，并为我们每天在课堂上做出的与阅读有关的许多决定提供充足且有效的信息。只有这样，我们才有可能缩小学生间的阅读理解的差距。

如何评估阅读

将教师掌握的阅读知识在课堂上付诸行动的一个重要部分，是科学、系统地评估学生的阅读效果。

评估阅读是一项挑战。正如罗伯·科（Rob Coe）教授所描述的那样，我们在课堂上的评估尝试，是对阅读问题的“多样化但不充分的浅探”的收集。追寻这种“浅探”的丰富多样的整体画面，是我们能做的最好的事情，也是课堂日常工作的重要组成部分。我们可能只能对阅读进行局部的、有意义的“探索”，但如果我们了解了应该评估阅读的哪些方面，以及这些方面的内容能够为我们提供什么有用的信息，我们就会得到更好的帮助。

字词的诵读（如第三章所述）：教师可以通过诊断性的问题，来检查学生的音位意识，这对作为阅读基石的单词阅读非常重要。

1. 音位匹配：学生能否识别以相同的发音开头的单词，如“fat”（肥胖）和“fact”（事实）？
2. 音素操作：学生能改变或移动一个词中的音，如删除“black”（黑色的）中的“b”音，变成“lack”（缺乏）？
3. 音素整合：“Sh-o–p”这几个音素整合到一起，读作“shop”（商店）。
4. 音素分割：与整合的操作相反，将一个完整的词分解成它的组成音，如“street”（街道）分割成为“s-t-r-ee–t”。

利用“多维流畅测评表”和类似的方法，可以在几分钟内进行诵读流畅度和诵读效率的评估。流畅度已经被证明是单词学习和理解之间的桥梁，所以它是阅读中非常有用的一个层面。利用诵读速度评估，教师可以通过简单地记录每分钟诵读的字数，迅速发现学生可能存在的问题和异常情况。

另外，教师还可以设计一些可操作的评估方法，如“失误分析”（miscue analysis）。通过这种方法，教师可以更好地跟踪学生诵读的流畅性和准确性。无论是记录学生的表现，还是简单地在他们诵读时做笔记，教师都可以更全面地了解学生的诵读能力。

我们可以用下面的失误分类记录方法，来跟踪学生的诵读失误。

失误类型	标记符号	操作方法
漏读	○	在学生诵读过程中，将漏读的词汇圈起来
插入	^	学生在句子中插入了一个本不存在的单词
重复	下划线	在学生错误地重复的单词下画上下划线
更正	c	标注出那些需要纠正，以确保流畅诵读的词汇
犹疑	/ //	/（单斜杠）用来标注学生短暂迟疑的词汇；//（双斜杠）用来标注学生迟疑时间较长的词汇
替换		将学生替换文本原有词汇的单词，写在被替换单词的上方

教师可以区分学生的阅读障碍是集中在理解方面，还是词汇知识方面，亦或是句子结构方面。教师还可以注意学生何时使用了阅读策略，如重读和自我纠正等。

词汇知识和推理能力的评估，可以通过采用易懂的课堂教学方法实现，如随堂测验和多项选择题等，也可以采用更正式的标准化评估，如

“英国图片词汇量表”（British picture vocabulary scale）或“皮博迪图片词汇测试”（Peabody picture vocabulary test）等。

毫无疑问，**阅读理解的评估**是复杂而具有挑战性的，“任何试图评估阅读理解的行为本身都是不完美的”。然而，考虑到阅读理解力如此宝贵，了解学生的理解情况是必要的工作。教师可以通过对正在阅读的文本提问来进行推断，提醒自己注意学生的理解能力情况。同样的，阅读理解能力的评估，可以通过课堂上的简单测验来进行，也可以通过更全面的标准化评估来进行。

如果教师计划自己设计随堂的阅读理解测验，可以利用下列不同类型的问题：

- **选择性回答问题**。为学生提供可选择的答案的问题，如多项选择题、带有可选择答案的封闭式问题、真/假问题。
- **建构式回答问题**。要求学生完全建构自己的答案的问题，如开放式问题、段落式书面回答、论文式回答等。

这两种类型的问题各有利弊。教师可能会迅速设计出一批问答式的真/假问题，但有些答案就会被学生猜到。相反，为“建构式回答”的文章生成一个好的评估标准可能更复杂，但是学生必须以更成熟的方式应用所学的知识，这也打消了学生投机取巧的做法，诸如猜测答案等。

- **新群体阅读测试（New group reading test）**。这个详细的评估包括句子完成情况（主要测量解码能力）和段落理解。它可以适用于不同年龄段的大规模学生测试。
- **霍德小组阅读测试（Hodder group reading tests）**。这是一个详细的评估，包括词级、句级和段落分析。与新群体阅读测试类似，它可以用于各年龄段的大规模学生测试。

- **约克阅读理解评估**（York assessment of reading comprehension）。这个评估设计了适合不同年龄段的测试，使用一系列的小说和信息文本，评估学生的解码和理解能力。这是一个更专注于一对一的评估测试。

- **索尔福德阅读测试**（The Salford reading test）。这种适应性测试包含语句阅读、理解，在一对一的基础上完成。

- **诊断性阅读分析**（Diagnostic reading analysis）。这项评估测试7到16岁，存在阅读障碍的读者的阅读准确性、诵读流利度/速度和理解力。这是在一对一的基础上进行评估的测试。

阅读动机是能够帮助存在阅读困难的学生提高阅读能力的一个关键支持因素，因为它可以帮助教师判断学生是否具备了参与有难度的阅读的意愿。对于阅读能力较弱的学生来说，阅读动机通常会因为挫折而削弱，导致不愿阅读的行为形成恶性循环。考虑到阅读动机的重要性，通过评估给予其关注也是值得的。已有的阅读动机评估包括“阅读动机问卷”等。

教师在课堂上对阅读的每一次评估，都能够让我们对学生的阅读能力更加了解。很快，我们就能形成一个丰富的证据图，为阅读的教学、图书选择和学校课程设置的方向提供依据。

阅读文化的培养和阅读课程的设置

让我们回到本书开头描述的空荡荡的书架上。如果很多学生根本无法拥有或者获取图书，那么学校和教师肯定应该动用课程规划重点和预算的力量，为学生提供大量的阅读资源。

就像学校应该关注的很多重点工作一样，对阅读的关注既紧迫又令人信服。然而，我们常常被迫面对这样一个艰难的现实：许多赠书、文化变革和课程开发的创新都失败了。尽管我们齐心协力，这些在阅读培养方面的尝试往往不能产生预期的效果。

沉浸在阅读中，在学校和家里形成阅读习惯，同时对阅读内容进行丰富的讨论，这些都是值得高度重视的活动。但是，我们应该警惕的是，不能假设简单的解决方案会给学生、家长和教师的习惯和做法带来深刻的影响。例如，单纯地给学生或他们的家庭送书，并不能从根本上激励学生更有策略地、大量地阅读。

此外，还有一些暑期阅读计划，试图解决“夏季阅读量滑坡”的问题，还有一些令人鼓舞的证据表明，给家长发短信，提醒、鼓励和建议在家庭中开展阅读活动，能够帮助我们的学生发展阅读能力。

给家长发短信这一简单的举动已经被证明是有帮助的，但是如果我们能够把这种简单的方法，与其他支持因素结合起来，很可能会增加家长参与和支持培养学生阅读习惯的可能性，这对我们在课堂上创造的阅读文化非常关键。英国教育基金会开展的一个名为“夏季积极阅读计划”（Summer Active Reading Programme）的项目，该项目包括免费给学生提供系列图书和两个夏季活动，在阅读理解的提升方面取得了不小的进展。

我们应重新反思，在发展阅读文化和课程的同时，哪些做法能为学生阅读能力的发展提供最佳的支持。阅读的机会、阅读的动机和阅读的成就，是一个复杂的螺旋式上升的过程，除了上升趋势，它还可能向下移动，在努力发展一种综合而全面的方法来发展阅读文化，并将其与阅读机会、实践和阅读能力相结合的过程中，我们应该提出下列问题：

● 在教室、学校图书馆和家庭中，分别需要哪些支持因素，以完善学生获取图书的渠道？

● 教师、家长和学生有哪些培训需求，以确保学生更有策略、更有知识性地阅读？

● 在我们发展阅读文化和课程时，“期望、支持和奖励”分别是什么？

● 我们将如何评估和评价我们的阅读文化？如阅读量、阅读习惯的改变、课堂实践、阅读成就等。

在回答这些问题之后，我们可以进一步提问，将重点放在阅读课程的内容上，例如：

● 在设置阅读课程时，如何平衡扩展类文本和信息类文本的选择？

● 在设置阅读课程时，我们如何在阅读素材的选择中确定难度的循序渐进和内容的连贯性？

● 在设置阅读课程时，我们将如何决定文本的选择、顺序、监测进展？

● 在设置阅读课程时，我们是否考虑到不同学科之间存在的阅读差异？如何训练学生跨学科的阅读技能？

为了解决这些问题，我们需要再次强调对学校教师和学校领导进行培训的必要性。培训内容包括阅读发展的不同方面，以及如何在课堂上和学校更广泛的阅读文化和社区中实施有效的阅读技能训练方法。

教师需要时间、培训和工具，才能够帮助所有学生成为优秀的读者。考虑到阅读的成功，将为我们的学生提供巨大的价值，教师就应该不遗余力地投入时间和精力，优先考虑如何缩小不同学生之间的阅读差距。

缩小阅读差距方面的全校性策略

以下两个学校的案例研究，为我们提供了一个窗口，让我们了解学校是如何尝试在全校范围内计划和实施阅读能力发展项目的。阅读能力的培养和发展对小学和中学的学生来说都是一个挑战，尽管方式各不相同，但在我们计划缩小阅读差距时，两个不同教育阶段也提供了一些值得思考的共同点。

案例研究1：
位于伯明翰的教育捐助基金会下属研究学校——圣马修小学追求快乐阅读和进步

阅读教学很重要，但在一个贫困生比例很高且充满挑战的学校，教师首先成为阅读教学的专家至关重要。在圣马修学校，教师都致力于提高自身的学科知识，在阅读教学中追求快乐和进步，我们一直决心坚持这两者之间的平衡。事实上，对圣马修的教师来说，二者缺一不可，因此，我们对二者的审慎态度，也在决定阅读成功的过程中发挥了至关重要的作用。

快乐阅读是我们学校的动力之源。教师致力于将精力和宝贵的课程时间用于确保，无论是互动式的、单独的还是社交式的阅读，学生每一天都能够充分地利用和享受快乐的阅读时间。圣马修的教师都接受过专门的教学法培训，研究证明这些教学法对培养儿童的阅读兴趣影响最大。他们更加坚定地培养孩子们的独立阅读习惯和能力，并注重不断扩展学生的阅读选择。

圣马修的学校环境和班级阅读空间，强调了一种重视阅读和提倡有目的的阅读的氛围。为了巩固提升阅读能力这个“道德责任”，我们特意将快乐阅读列入学校改进计划（school improvement plan），这有助于确保学校和教师对自己的承诺负责。

我们对快乐阅读的强调，与我们对阅读知识和技能的明确和严格的教学方法是绝对匹配的。同样，我们以广泛的研究为指导，确保全体教师在使用指导、共享（全班）和独立的策略以开展阅读教学方面得到全面培训。在我们的课堂上，这些策略和方法都被用来教授语言层面的理解和词语的识别。

我们的全班阅读方法，以道格·勒莫夫提出的“精读”策略为基础。在参加了勒莫夫开班的、为期两天的研讨会后，圣马修的教师接受了阅读教学的专业培训，以确保能够在课堂教学中实践勒莫夫在《重新考虑的阅读》（*Reading Reconsidered*）一书中概述的重要内容。

这本书深刻地影响了全校的阅读课程设计。通过嵌入式学科教学，孩子们渴望拓展他们的背景知识，他们经常在家里自行阅读，并在课上积极回顾从课后阅读中吸收的知识。学生还迫不及待地使用他们的词汇日志，记录和研究词源和形态，这对我们的拉丁语教学是一种强有力的补充。

这种平衡而谨慎的阅读教学方法，即在强调阅读快乐的同时，关注学生阅读技能训练所产生的影响，在学生的成绩和针对性的调查中都有所体现，即结果表明，我们的学生喜欢各种形式的阅读。

案例研究2：
黑潭的教育捐助基金会下属研究学校——圣玛丽天主教学院的圣玛丽文学典籍阅读项目

我们采用这个阅读方法，是为了解决已经成为全校性难题的阅读能力问题。通过对成绩和阅读年龄数据的仔细分析，以及与学校中层领导的讨论，我们发现本校的学生普遍需要增加阅读的数量和频率，并提高其阅读效率。

在圣玛丽天主教学院，我们现在对学生语言能力的发展采取了慎重和有计划引导的方法，包括定期的阅读机会和明确的词汇教学的结合。我们努力确保每个学生都能流利地诵读，并实现全面的理解，因为我们认识到，这是成功解锁阅读课程的关键。

我们没有简单地鼓励学生多读书，而是采取了重要的措施，确保在学校一天的课程安排中明确留出阅读时间，并确保学生阅读文本可以帮助他们建立“文化资本”。

为了提供定期的阅读机会，我们调整了学校一天的课程安排时间，并在每周四个下午增加了30分钟的阅读时间。在这段时间里，学生阅读精心挑选的图书，这些图书构成了“圣玛丽文学典籍”。它们颇具挑战性，并涵盖了一系列的流派、文化和时代，提供了对一系列主题和重大想法的探索。

阅读时间由各个班级的班主任针对本班的具体情况进行规划和监督。学校还规划了大量的教师持续专业发展（continuing professional development）时间，向教师介绍一系列的阅读策略，包括教师指导的阅读和配对阅读等。随着阅读计划的进展，教师开始利用持续专业发展时间，分享各自积累的关于阅读活动的最佳做法，所有教师都有机会在阅读时间观察其他同事的做法。

我们还将学校的工作人员任命为“图书负责人”，负责阅读每一本文学典籍，并负责提供阅读资源，即为其他工作人员和学生制作一个知识的框架，同时他们还负责领导班主任的持续发展。与证据显示的一样，这种继续教育是持续的、不断发展的，并且是在班主任带领他们的班级一起阅读一本书之前进行的。

知识组织者提供的资源有一个共同的格式：包括章节摘要和建议教师讨论的问题，以及词汇表和对学生的进一步的阅读建议。进一步的阅读建议会通过短信与家长分享，同时家长也会收到每周的更新，详细说明他们的孩子正在阅读哪些内容，以及建议家长可以与孩子讨论哪些问题。

读者不妨花一些时间，想一想这些学校采用的方法都有哪些基本要素。想想他们的学校环境与自己的学校环境有什么相似或不同，以及需要什么支持因素促使我们的学校发生积极变化。

我相信，大部分的学校或许已经采取了某种形式的方法，试图解决阅读差距的问题，但对这些学校案例研究的深入思考，对我们在自己的学校环境中思考如何解决阅读问题会很有帮助。

阅读的力量

在本书的结尾，我认为有必要再次强调阅读的伟大力量。

阅读改变了人类的生活方式，为我们提供了更好的生活方式。阅读具有解放思想，打开未来之门的神奇力量，这一点已经得到普遍认可，同时对许多人来说，阅读本身是自己的激情所在。

简单回顾一下人类的发展史，我们能感受到阅读的伟大力量。在人类集体历史的黑暗角落里，有暴君的故事，他们试图谴责和贬低阅读，这些故事提醒我们阅读既可以让我们获得解放，也可以给人类赋权，无论是身体上还是精神上。这些黑暗的历史故事，也提醒我们，获得阅读的机会，有时候并非我们想象中那样简单、理所当然。

如果我们不小心忘了阅读的重要性，不妨回到这本书的开头，回顾这句源自前奴隶、伟大的政治家和作家弗雷德里克·道格拉斯的话，“一旦你学会了阅读，你将永获自由”。

阅读行为本身和读者总是会受到不同形式的干扰。作家巴纳比·里奇（Barnaby Rich）在1613年写道：

> 这个时代的疾病之一就是书籍繁多，它们让这个世界负担过重，以至于人们无法处理每天诞生在这个世界上的大量无用信息。
>
> ——《信息检索和存储的历史》

当然，最大的讽刺是，也许现代社会的最大救赎，正是大量的书籍，以及孩子们主动地、有策略地阅读书籍，才能治愈我们这个时代的疾病。

我们还有很长的路要走。经济合作与发展组织（OECD）2013年的一项全球研究表明，我们这一代16到24岁的年轻人的文学水平低于他们的祖父母。想想这揭示了关于社会流动性的什么真相，以及图书馆关闭和学校预算缩减所带来的迫在眉睫的威胁。也许这才是我们这个时代的真正疾病。

对于像丽贝卡这样的学生来说，具备阅读能力可以让她获得以前无法获得的选择和经验。在这个过程中，她或许不会在某个特定的时刻，感觉“获得了自由”或得到一个盛大的“好莱坞电影式的结局”，但有机会得到缓慢、系统、有策略的阅读训练对每个学生都很重要。

我们可以而且应该热衷于为快乐和有目的的阅读而努力；我们应该热衷于传播各自学科的伟大思想以及我们文化中的最佳思想和言论。但仅仅对阅读充满热情是不够的。我们的目标，是将每一位教师培养成阅读专家，这样他们就能做出明智的、专业的决定，而这正是我们的专业精神所在。最重要的是，将这些专业知识转化为提升教学的力量，以多种能够产生深远影响的方式传递给学生才是教师最大的成就。

回到我们总结的，提升学生阅读能力的6个明确步骤。

1. 对教师进行培训，使学生实现从“学习如何阅读”向“在阅读中学习”的转变。
2. 制定和教授一个连贯的、循序渐进的“包含丰富阅读内容”的课程大纲。
3. 在教学中，侧重于阅读机会、阅读练习和提高阅读能力等内容。
4. 陪伴、示范、支持学生阅读，使他们成为掌握丰富知识背景和阅读策略的读者。
5. 培养学生的阅读兴趣，以实际目标和享受阅读的乐趣为驱动。
6. 在校内和校外培养阅读文化。

希望在本书的一些观点、方法的支持与鼓励下，你能将这些步骤付诸行动，支持每个孩子成功地阅读，感受阅读的快乐。

感谢你是一位专业的读者、教师。

感谢你是一位常读书的教师。

希望你永远自由地阅读。

“常青藤”书系—中青文教师用书总目录

书名	书号	定价
特别推荐——从优秀到卓越系列		
从优秀教师到卓越教师：极具影响力的日常教学策略	9787515312378	33.80
从优秀教学到卓越教学：让学生专注学习的最实用教学指南	9787515324227	39.90
从优秀学校到卓越学校：他们的校长在哪些方面做得更好	9787515325637	59.90
卓越课堂管理（中国教育新闻网2015年度“影响教师的100本书”）	9787515331362	88.00
名师新经典/教育名著		
最难的问题不在考试中：先别教答案，带学生自己找到想问的事	9787515365930	48.00
在芬兰中小学课堂观摩研修的365日	9787515363608	49.00
马文·柯林斯的教育之道：通往卓越教育的路径（《中国教育报》2019年度“教师喜爱的100本书”，中国教育新闻网“影响教师的100本书”。朱永新作序，李希贵力荐）	9787515355122	49.80
如何当好一名学校中层：快速提升中层能力、成就优秀学校的31个高效策略	9787515346519	49.00
像冠军一样教学：引领学生走向卓越的62个教学诀窍	9787515343488	49.00
像冠军一样教学2：引领教师掌握62个教学诀窍的实操手册与教学资源	9787515352022	68.00
如何成为高效能教师	9787515301747	89.00
给教师的101条建议（第三版）（《中国教育报》“最佳图书”奖）	9787515342665	49.00
改善学生课堂表现的50个方法（入选《中国教育报》“影响教师的100本书”）	9787500693536	33.00
改善学生课堂表现的50个方法操作指南：小技巧获得大改变	9787515334783	39.00
美国中小学世界历史读本 / 世界地理读本 / 艺术史读本	9787515317397等	106.00
美国语文读本1-6	9787515314624等	252.70
和优秀教师一起读苏霍姆林斯基	9787500698401	27.00
快速破解60个日常教学难题	9787515339320	39.90
美国最好的中学是怎样的——让孩子成为学习高手的乐园	9787515344713	28.00
建立以学习共同体为导向的师生关系：让教育的复杂问题变得简单	9787515353449	33.80
教师成长/专业素养		
教师生存指南：即查即用的课堂策略、教学工具和课程活动	9787515370521	79.00
如何更积极地教学	9787515369594	49.00
教师的专业成长与评价性思考：专业主义如何影响和改变教育	9787515369143	49.90
精益教育与可见的学习：如何用更精简的教学实现更好的学习成果	9787515368672	59.00
教学这件事：感动几代人的教师专业成长指南	9787515367910	49.00
如何更快地变得更好：新教师90天培训计划	9787515365824	59.90
让每个孩子都发光：赋能学生成长、促进教师发展的KIPP学校教育模式	9787515366852	59.00
60秒教师专业发展指南：给教师的239个持续成长建议	9787515366739	59.90
通过积极的师生关系提升学生成绩：给教师的行动清单	9787515356877	49.00
卓越教师工具包：帮你顺利度过从教的前5年	9787515361345	49.00
可见的学习与深度学习：最大化学生的技能、意志力和兴奋感	9787515361116	45.00
学生教给我的17件重要的事：带给你爱、勇气、坚持与创意的人生课堂	9787515361208	39.80
教师如何持续学习与精进	9787515361109	39.00
从实习教师到优秀教师	9787515358673	39.90
像领袖一样教学：改变学生命运，使学生变得更好（中国教育新闻网2015年度“影响教师的100本书”）	9787515355375	49.00
你的第一年：新教师如何生存和发展	9787515351599	33.80
教师精力管理：让教师高效教学，学生自主学习	9787515349169	39.90
如何使学生成为优秀的思考者和学习者：哈佛大学教育学院课堂思考解决方案	9787515348155	49.90
反思性教学：一个已被证明能让教师做到更好的培训项目（30周年纪念版）	9787515347837	59.90
凭什么让学生服你：极具影响力的日常教育策略（中国教育新闻网2017年度“影响教师的100本书”）	9787515347554	39.90
运用积极心理学提高学生成绩（中国教育新闻网2017年度“影响教师的100本书”）	9787515345680	59.90

	书名	书号	定价
	可见的学习与思维教学：成长型思维教学的54个教学资源：教学资源版	9787515354743	36.00
★	可见的学习与思维教学：让教学对学生可见，让学习对教师可见（中国教育报2017年度"教师最喜爱的100本书"）	9787515345000	39.90
	教学是一段旅程：成长为卓越教师你一定要知道的事	9787515344478	39.00
	安奈特·布鲁肖写给教师的101首诗	9787515340982	35.00
	万人迷老师养成宝典学习指南	9787515340784	28.00
	中小学教师职业道德培训手册：师德的定义、养成与评估	9787515340777	32.00
	成为顶尖教师的10项修炼（中国教育新闻网2015年度"影响教师的100本书"）	9787515334066	49.90
★	T. E. T. 教师效能训练：一个已被证明能让所有年龄学生做到最好的培训项目（30周年纪念版）（中国教育新闻网2015年度"影响教师的100本书"）	9787515332284	49.00
	教学需要打破常规：全世界最受欢迎的创意教学法（中国教育新闻网2015年度"影响教师的100本书"）	9787515331591	45.00
	给幼儿教师的100个创意：幼儿园班级设计与管理	9787515330310	39.90
	给小学教师的100个创意：发展思维能力	9787515327402	29.00
	给中学教师的100个创意： 如何激发学生的天赋和特长／杰出的教学／快速改善学生课堂表现	9787515330723等	87.90
	以学生为中心的翻转教学11法	9787515328386	29.00
	如何使教师保持职业激情	9787515305868	29.00
★	如何培训高效能教师：来自全美权威教师培训项目的建议	9787515324685	39.90
	良好教学效果的12试金石：每天都需要专注的事情清单	9787515326283	29.90
★	让每个学生主动参与学习的37个技巧	9787515320526	45.00
	给教师的40堂培训课：教师学习与发展的最佳实操手册	9787515352787	39.90
	提高学生学习效率的9种教学方法	9787515310954	27.80
★	优秀教师的课堂艺术：唤醒快乐积极的教学技能手册	9787515342719	26.00
★	万人迷老师养成宝典（第2版）（入选《中国教育报》"2010年影响教师的100本书"）	9787515342702	39.00
	高效能教师的9个习惯	9787500699316	26.00
	课堂教学/课堂管理		
	如何在课堂上使用反馈和评价	9787515371719	49.90
	跨学科阅读技能训练：让学生学会通过阅读而学习	9787515372105	49.90
★	老师怎么做，学生才会听：给教师的学生行为管理指南	9787515370811	59.90
	精通式学习法：基于提高学生能力的学习方法	9787515370606	49.90
	好的教学是设计出来的：一套详细、先进、实用的卓越课堂设计和实施方案	9787515370705	49.00
	翻转课堂与差异化教学：以学生为中心的课内翻转教学法	9787515370590	49.00
	精益备课法：在课堂上少做多得的实用方法	9787515370088	49.00
	记忆教学法：利用记忆在课堂上建立深入和持久的学习	9787515370095	49.00
	动机教学法：利用学习动机科学来提高课堂上的注意力和努力	9787515370101	49.00
★	课堂上的提问逻辑：更深度、更系统地促进学生的学习与思考	9787515369983	49.90
	可见的教学影响力：系统地执行可见的学习5D深度教学	9787515369624	59.00
	极简课堂管理法：给教师的18个精进课堂管理的建议	9787515369600	49.00
★	像行为管理大师一样管理你的课堂：给教师的课堂行为管理解决方案	9787515368108	59.00
	差异化教学与个性化教学：未来多元课堂的智慧教学解决方案	9787515367095	49.90
	如何设计线上教学细节：快速提升线上课程在线率和课堂学习参与度	9787515365886	49.00
	设计型学习法：教学与学习的重新构想	9787515366982	59.00
	让学习真正在课堂上发生：基于学习状态、高度参与、课堂生态的深度教学	9787515366975	49.00
	让教师变得更好的75个方法：用更少的压力获得更快的成功	9787515365831	49.00
	技术如何改变教学：使用课堂技术创造令人兴奋的学习体验，并让学生对学习记忆深刻	9787515366661	49.00
	课堂上的问题形成技术：老师怎样做，学生才会提出好的问题	9787515366401	45.00
	翻转课堂与项目式学习	9787515365817	45.00
★	优秀教师一定要知道的19件事：回答教师核心素养问题，解读为什么要向优秀者看齐	9787515366630	39.00

书名	书号	定价
从作业设计开始的30个创意教学法：运用互动反馈循环实现深度学习	9787515366364	59.00
基于课堂中精准理解的教学设计	9787515365909	49.00
如何创建培养自主学习者的课堂管理系统	9787515365879	49.00
如何设计深度学习的课堂：引导学生学习的176个教学工具	9787515366715	49.90
如何提高课堂创意与参与度：每个教师都可以使用的178个教学工具	9787515365763	49.90
如何激活学生思维：激励学生学习与思考的187个教学工具	9787515365770	49.90
男孩不难教：男孩学业、态度、行为问题的新解决方案	9787515364827	49.00
高度参与的线上线下融合式教学设计：极具影响力的备课、上课、练习、评价项目教学法	9787515364438	49.00
跨学科项目式教学：通过“+1”教学法进行计划、管理和评估	9787515361086	49.00
课堂上最重要的56件事	9787515360775	35.00
全脑教学与游戏教学法	9787515360690	39.00
深度教学：运用苏格拉底式提问法有效开展备课设计和课堂教学	9787515360591	49.90
一看就会的课堂设计：三个步骤快速构建完整的课堂管理体系	9787515360584	39.90
如何有效激发学生学习兴趣	9787515360577	38.00
如何解决课堂上最关键的9个问题	9787515360195	49.00
多元智能教学法：挖掘每一个学生的最大潜能	9787515359885	39.90
探究式教学：让学生学会思考的四个步骤	9787515359496	39.00
课堂提问的技术与艺术	9787515358925	49.00
如何在课堂上实现卓越的教与学	9787515358321	49.00
基于学习风格的差异化教学	9787515358437	39.90
如何在课堂上提问：好问题胜过好答案	9787515358253	39.00
高度参与的课堂：提高学生专注力的沉浸式教学	9787515357522	39.90
让学习变得有趣	9787515357782	39.00
如何利用学校网络进行项目式学习和个性化学习	9787515357591	39.90
基于问题导向的互动式、启发式与探究式课堂教学法	9787515356792	49.00
如何在课堂中使用讨论：引导学生讨论式学习的60种课堂活动	9787515357027	38.00
如何在课堂中使用差异化教学	9787515357010	39.90
如何在课堂中培养成长型思维	9787515356754	39.90
每一位教师都是领导者：重新定义教学领导力	9787515356518	39.90
教室里的1-2-3魔法教学：美国广泛使用的从学前到八年级的有效课堂纪律管理	9787515355986	39.90
如何在课堂中使用布卢姆教育目标分类法	9787515355658	39.00
如何在课堂上使用学习评估	9787515355597	39.00
7天建立行之有效的课堂管理系统：以学生为中心的分层式正面管教	9787515355269	29.90
积极课堂：如何更好地解决课堂纪律与学生的冲突	9787515354590	38.00
设计智慧课堂：培养学生一生受用的学习习惯与思维方式	9787515352770	39.00
追求学习结果的88个经典教学设计：轻松打造学生积极参与的互动课堂	9787515353524	39.00
从备课开始的100个课堂活动设计：创造积极课堂环境和学习乐趣的教师工具包	9787515353432	33.80
老师怎么教，学生才能记得住	9787515353067	48.00
多维互动式课堂管理：50个行之有效的方法助你事半功倍	9787515353395	39.80
智能课堂设计清单：帮助教师建立一套规范程序和做事方法	9787515352985	49.90
提升学生小组合作学习的56个策略：让学生变得专注、自信、会学习	9787515352954	29.90
快速处理学生行为问题的52个方法：让学生变得自律、专注、爱学习	9787515352428	39.00
王牌教学法：罗恩·克拉克学校的创意课堂	9787515352145	39.80
让学生快速融入课堂的88个趣味游戏：让上课变得新颖、紧凑、有成效	9787515351889	39.00
如何调动与激励学生：唤醒每个内在学习者（李希贵校长推荐全校教师研读）	9787515350448	39.80
合作学习技能35课：培养学生的协作能力和未来竞争力	9787515340524	59.00
基于课程标准的STEM教学设计：有趣有料有效的STEM跨学科培养教学方案	9787515349879	68.00
如何设计教学细节：好课堂是设计出来的	9787515349152	39.00

	书名	书号	定价
	15秒课堂管理法：让上课变得有料、有趣、有秩序	9787515348490	49.00
	混合式教学：技术工具辅助教学实操手册	9787515347073	39.80
	从备课开始的50个创意教学法	9787515346618	39.00
	中学生实现成绩突破的40个引导方法	9787515345192	33.00
	给小学教师的100个简单的科学实验创意	9787515342481	39.00
	老师如何提问，学生才会思考	9787515341217	49.00
	教师如何提高学生小组合作学习效率	9787515340340	39.00
	卓越教师的200条教学策略	9787515340401	49.90
	中小学生执行力训练手册：教出高效、专注、有自信的学生	9787515335384	49.90
	从课堂开始的创客教育：培养每一位学生的创造能力	9787515342047	33.00
	提高学生学习专注力的8个方法：打造深度学习课堂	9787515333557	35.00
	改善学生学习态度的58个建议	9787515324067	36.00
★	全脑教学（中国教育新闻网2015年度“影响教师的100本书”）	9787515323169	38.00
★	全脑教学与成长型思维教学：提高学生学习力的92个课堂游戏	9787515349466	39.00
★	哈佛大学教育学院思维训练课：让学生学会思考的20个方法	9787515325101	59.90
	完美结束一堂课的35个好创意	9787515325163	28.00
	如何更好地教学：优秀教师一定要知道的事	9787515324609	49.90
	带着目的教与学	9787515323978	39.90
★	美国中小学生社会技能课程与活动（学前阶段/1-3年级/4-6年级/7-12年级）	9787515322537等	215.70
	彻底走出教学误区：开启轻松智能课堂管理的45个方法	9787515322285	28.00
	破解问题学生的行为密码：如何教好焦虑、逆反、孤僻、暴躁、早熟的学生	9787515322292	36.00
	13个教学难题解决手册	9787515320502	28.00
★	让学生爱上学习的165个课堂游戏	9787515319032	59.00
	美国学生游戏与素质训练手册：培养孩子合作、自尊、沟通、情商的103种教育游戏	9787515325156	49.00
	老师怎么说，学生才会听	9787515312057	39.00
	快乐教学：如何让学生积极与你互动（入选《中国教育报》“影响教师的100本书”）	9787500696087	29.00
★	老师怎么教，学生才会提问	9787515317410	29.00
★	快速改善课堂纪律的75个方法	9787515313665	39.90
★	教学可以很简单：高效能教师轻松教学7法	9787515314457	39.00
★	好老师可以避免的20个课堂错误（入选《中国教育报》“影响教师的100本图书”）	9787500688785	39.90
★	好老师应对课堂挑战的25个方法（《给教师的101条建议》作者新书）	9787500699378	25.00
★	好老师激励后进生的21个课堂技巧	9787515311838	39.80
★	开始和结束一堂课的50个好创意	9787515312071	29.80
	好老师因材施教的12个方法（美国著名教师伊莉莎白“好老师”三部曲）	9787500694847	22.00
★	如何打造高效能课堂	9787500680666	29.00
	合理有据的教师评价：课堂评估衡量学生进步	9787515330815	29.00
	班主任工作/德育		
	30年班主任，我没干够（《凭什么让学生服你》姊妹篇）	9787515370569	59.00
★	北京四中8班的教育奇迹	9787515321608	36.00
★	师德教育培训手册	9787515326627	29.80
★	好老师征服后进生的14堂课（美国著名教师伊莉莎白“好老师”三部曲）	9787500693819	39.90
	优秀班主任的50条建议：师德教育感动读本（《中国教育报》专题推荐）	9787515305752	23.00
	学校管理/校长领导力		
★	哈佛大学教育学院学校创新管理课	9787515369389	59.90
	如何构建积极型学校	9787515368818	49.90
	卓越课堂的50个关键问题	9787515366678	39.00
	如何培育卓越教师：给学校管理者的行动清单	9787515357034	39.00
★	学校管理最重要的48件事	9787515361055	39.80
	重新设计学习和教学空间：设计利于活动、游戏、学习、创造的学习环境	9787515360447	49.90
	重新设计一所好学校：简单、合理、多样化地解构和重塑现有学习空间和学校环境	9787515356129	49.00

书名	书号	定价
让樱花绽放英华	9787515355603	79.00
学校管理者平衡时间和精力的21个方法	9787515349886	29.90
校长引导中层和教师思考的50个问题	9787515349176	29.00
如何定义、评估和改变学校文化	9787515340371	49.90
优秀校长一定要做的18件事（入选《中国教育报》"2009年影响教师的100本书"）	9787515342733	39.90
学科教学/教科研		
精读三国演义20讲：读写与思辨能力提升之道	9787515369785	59.90
中学古文观止50讲：文言文阅读能力提升之道	9787515366555	59.90
完美英语备课法：用更短时间和更少材料让学生高度参与的100个课堂游戏	9787515366524	49.00
人大附中整本书阅读取胜之道：让阅读与作文双赢	9787515364636	59.90
北京四中语文课：千古文章	9787515360973	59.00
北京四中语文课：亲近经典	9787515360980	59.00
从备课开始的56个英语创意教学：快速从小白老师到名师高手	9787515359878	49.90
美国学生写作技能训练	9787515355979	39.90
《道德经》妙解、导读与分享（诵读版）	9787515351407	49.00
京沪穗江浙名校名师联手教你：如何写好中考作文	9787515356570	49.90
京沪穗江浙名校名师联手授课：如何写好高考作文	9787515356686	49.80
人大附中中考作文取胜之道	9787515345567	59.90
人大附中高考作文取胜之道	9787515320694	49.90
人大附中学生这样学语文：走近经典名著	9787515328959	49.90
四界语文（入选《中国教育报》2017年度"教师喜爱的100本书"）	9787515348483	49.00
让小学一年级孩子爱上阅读的40个方法	9787515307589	39.90
让学生爱上数学的48个游戏	9787515326207	26.00
轻松100 课教会孩子阅读英文	9787515338781	88.00
情商教育/心理咨询		
如何防止校园霸凌：帮助孩子自信、有韧性和坚强成长的实用工具	9787515370156	59.90
连接课：与中小学学科课程并重的一门课	9787515370613	49.90
给大人的关于儿童青少年情绪与行为问题的应对指南	9787515366418	89.90
教师焦点解决方案：运用焦点解决方案管理学生情绪与行为	9787515369471	49.90
9节课，教你读懂孩子：妙解亲子教育、青春期教育、隔代教育难题	9787515351056	39.80
学生版盖洛普优势识别器（独一无二的优势测量工具）	9787515350387	169.00
与孩子好好说话（获"美国国家育儿出版物（NAPPA）金奖"）	9787515350370	39.80
中小学心理教师的10项修炼	9787515309347	36.00
别和青春期的孩子较劲（增订版）（入选《中国教育报》"2009年影响教师的100本书"）	9787515343075	39.90
100条让孩子胜出的社交规则	9787515327648	28.00
守护孩子安全一定要知道的17个方法	9787515326405	32.00
幼儿园/学前教育		
幼儿园室内区域活动书：107个有趣的学习游戏活动	9787515369778	59.90
幼儿园户外区域活动书：106个有趣的学习游戏活动	9787515369761	59.90
中挪学前教育合作式学习：经验·对话·反思	9787515364858	79.00
幼小衔接听读能力课	9787515364643	33.00
用蒙台梭利教育法开启0~6岁男孩潜能	9787515361222	45.00
德国幼儿的自我表达课：不是孩子爱闹情绪，是她/他想说却不会说！	9787515359458	59.00
德国幼儿教育成功的秘密：近距离体验德国学前教育理念与幼儿园日常活动安排	9787515359465	49.80
美国儿童自然拼读启蒙课：至关重要的早期阅读训练系统	9787515351933	49.80
幼儿园30个大主题活动精选：让工作更轻松的整合技巧	9787515339627	39.80
美国幼儿教育活动大百科：3-6岁儿童学习与发展指南用书 科学／艺术／健康与语言／社会	9787515324265等	600.00
蒙台梭利早期教育法：3-6岁儿童发展指南（理论版）	9787515322544	29.80
蒙台梭利儿童教育手册：3-6岁儿童发展指南（实践版）	9787515307664	33.00
自由地学习：华德福的幼儿园教育	9787515328300	49.90

	书名	书号	定价
	教育主张/教育视野		
	重新定义教育：为核心素养而教，为生存能力而学	9787515369945	59.90
	重新定义学习：如何设计未来学校与引领未来学习	9787515367484	49.90
	教育新思维：帮助孩子达成目标的实战教学法	9787515365848	49.00
★	教学是如何发生的：关于教学与教师效能的开创性研究及其实践意义	9787515370323	59.90
★	学习是如何发生的：教育心理学中的开创性研究及其实践意义	9787515366531	59.90
	父母不应该错过的犹太人育儿法	9787515365688	59.00
	如何在线教学：教师在智能教育新形态下的生存与发展	9787515365855	49.00
	正向养育：黑幼龙的慢养哲学	9787515365671	39.90
	颠覆教育的人：蒙台梭利传	9787515365572	59.90
	如何科学地帮助孩子学习：每个父母都应知道的77项教育知识	9787515368092	59.00
	学习的科学：每位教师都应知道的99项教育研究成果（升级版）	9787515368078	59.90
	学习的科学：每位教师都应知道的77项教育研究成果	9787515364094	59.00
	真实性学习：如何设计体验式、情境式、主动式的学习课堂	9787515363769	49.00
	哈佛前1%的秘密（俞敏洪、成甲、姚梅林、张梅玲推荐）	9787515363349	59.90
	基于七个习惯的自我领导力教育设计：让学校育人更有道，让学生自育更有根	9787515362809	69.00
	终身学习：让学生在未来拥有不可替代的决胜力	9787515360560	49.90
	颠覆性思维：为什么我们的阅读方式很重要	9787515360393	39.90
	如何教学生阅读与思考：每位教师都需要的阅读训练手册	9787515359472	39.00
	成长型教师：如何持续提升教师成长力、影响力与教育力	9787515368689	48.00
	教出阅读力	9787515352800	39.90
	为学生赋能：当学生自己掌控学习时，会发生什么	9787515352848	33.00
★	如何用设计思维创意教学：风靡全球的创造力培养方法	9787515352367	39.80
	如何发现孩子：实践蒙台梭利解放天性的趣味游戏	9787515325750	32.00
	如何学习：用更短的时间达到更佳效果和更好成绩	9787515349084	49.00
	教师和家长共同培养卓越学生的10个策略	9787515331355	27.00
★	如何阅读：一个已被证实的低投入高回报的学习方法	9787515346847	39.00
★	芬兰教育全球第一的秘密（钻石版）（《中国教育报》等主流媒体专题推荐）	9787515359922	59.00
	培养终身学习能力和习惯的芬兰教育：成就每一个学生，拥有适应未来的核心素养和必备技能	9787515370415	59.00
★	杰出青少年的7个习惯（精英版）	9787515342672	39.00
	杰出青少年的7个习惯（成长版）	9787515335155	29.00
★	杰出青少年的6个决定（领袖版）（全国优秀出版物奖）	9787515342658	49.90
★	7个习惯教出优秀学生（第2版）（全球畅销书《高效能人士的七个习惯》教师版）	9787515342573	39.90
	学习的科学：如何学习得更好更快（入选中国教育网2016年度"影响教师的100本书"）	9787515341767	39.80
	杰出青少年构建内心世界的5个坐标（中国青少年成长公开课）	9787515314952	59.00
★	跳出教育的盒子（第2版）（美国中小学教学经典畅销书）	9787515344676	35.00
	夏烈教授给高中生的19场讲座	9787515318813	29.90
★	学习之道：美国公认经典学习书	9787515342641	39.00
★	翻转学习：如何更好地实践翻转课堂与慕课教学（中国教育新闻网2015年度"影响教师的100本书"）	9787515334837	32.00
★	翻转课堂与慕课教学：一场正在到来的教育变革	9787515328232	26.00
	翻转课堂与混合式教学：互联网+时代，教育变革的最佳解决方案	9787515349022	29.80
	翻转课堂与深度学习：人工智能时代，以学生为中心的智慧教学	9787515351582	29.80
★	奇迹学校：震撼美国教育界的教学传奇（中国教育新闻网2015年度"影响教师的100本书"）	9787515327044	36.00
★	学校是一段旅程：华德福教师1–8年级教学手记	9787515327945	49.00
★	高效能人士的七个习惯（30周年纪念版）（全球畅销书）	9787515360430	79.00

您可以通过如下途径购买：

1. 书　　店：各地新华书店、教育书店。
2. 网上书店：当当网（www.dangdang.com）、天猫（zqwts.tmall.com）、京东网（www.jd.com）。
3. 团　　购：各地教育部门、学校、教师培训机构、图书馆团购，可享受特别优惠。

购书热线：010–65511272 / 65516873